DIS FRU TAR

(Como si hoy fuera
tu último día)

Ignacio L. M. Trujillo

DIS FRU TAR

(Como si hoy fuera tu último día)

Es tiempo de acceder a lo que todos buscan y pocos encuentran...

VERGARA
GRUPO ZETA

Barcelona • Bogotá • Buenos Aires • Caracas • Madrid • México D.F. • Montevideo • Quito • Santiago de Chile

Trujillo, Ignacio
Disfrutar, como si hoy fuera tu último día. - 1a ed. - Buenos Aires : Javier Vergara Editor, 2010.
192 p. ; 23x15 cm.

ISBN 978-950-15-2451-2

1. Superación Personal. I. Título
CDD 158.1

Dirección editorial: Diana Paris
Producción: Soledad di Luca
Diseño de portada e interior: Donagh | Matulich

"Disfrutar (Como si hoy fuera tu último día)"
Ignacio L. M. Trujillo
2ª reimpresión: mayo 2011

ISBN: 978-950-15-2451-2
Impreso por Programas Educativos, S.A. de C.V.

Para mi tío Jorge Trujillo,
quien fue uno de mis grandes maestros
del disfrute durante mi infancia.

INDICE

"Hay tantas cosas para gozar, y nuestro paso por la tierra es tan corto, que sufrir es una pérdida de tiempo."

Facundo Cabral

INTRODUCCIÓN

Si supieras que hoy es tu último día y mañana te vas a morir, por lo tanto tienes por delante 24 horas para hacer lo que quieras y disfrutarlo al máximo... ¿Qué harías? ¿Qué personas intervendrían en tus planes?

¿Ya lo pensaste?... Entonces ahora te pregunto: ¿Por qué esperar a tener una sentencia de muerte y no comenzar de todos modos mañana mismo? ¿Cuál es el temor que aparece? ¿Qué perderías y qué ganarías?

Vivimos una sola vida en este cuerpo, y a medida que pasan los años vamos sintiendo la rapidez con que el tiempo corre, y con ella, las sensaciones de aquellas asignaturas pendientes que no nos atrevimos a concretar. Tal vez sea un viaje, un estudio, una práctica, una relación, una conversación, una vocación. La vida fue concebida para que podamos desplegar nuestros dones y buscar lo que nos inspira para estar plenos. Si así no lo estamos haciendo es porque no comprendimos entonces para qué hemos venido a este mundo.

Existen muchos ejemplos de personas que se han enfrentado a enfermedades o síntomas "terminales", y cómo esa noticia los impulsó a transformar la crisis en una oportunidad para replantear la forma en que habían estado viviendo hasta ese momento.

En los últimos años los seres humanos desarrollamos tecnología de avanzada en comunicaciones, pero no aprendimos a conversar de lo que nos cuesta y necesitamos.

En el mundo de las organizaciones se habla mucho de la calidad, pero cada vez se trabajan más horas y de manera estresante. Incluso en los países donde se están reduciendo la carga horaria de trabajo, no se ve un incremento en el disfrute de las horas libres.

Existen cada vez más lugares para des-estresarse y centros de SPA para relajarse, pero sin embargo se toman cada vez más ansiolíticos y antidepresivos, y nos cuesta quedarnos quietos y en silencio.

Lo que podemos identificar es que ***la capacidad para disfrutar*** en los distintos ámbitos de la vida, no depende de la tecnología ni de los lugares donde estamos, es decir, el disfrute no proviene desde afuera, sino que ***es una actitud y una habilidad que se puede aprender, desarrollar y mantener.***

En este libro podrás inspirarte y aprender a disfrutar como si hoy fuera tu último día, donde no tengas nada que perder, y por lo tanto, todo por ganar.
***Es tiempo de acceder a lo que todos buscan y pocos encuentran:* la habilidad para encontrar disfrute en lo que sea que hagas.**

En las páginas siguientes encontrarás guías, pautas y caminos extraídos de la experiencia de aquellos que, de forma innata o aprendida, han desarrollado esta actitud para disfrutar plena y libremente.

Por lo general, aquellas personas que han conquistado una profunda y honesta capacidad de disfrute en sus vidas, ha sido como consecuencia de haber pasado por situaciones de crisis importantes, y que luego de haberlas vivido, las pudieron trascender.

Es a partir de ese momento en que trascendemos el dolor y las pérdidas cuando aparece esa capacidad para disfrutar que se incorpora como actitud en la vida, y viene para quedarse.

¿Por qué ocurre así? Porque luego de esas experiencias determinantes, el alma (si pudo aprender y trascender) adquiere una nueva mirada; si antes veía sólo árboles, después comienza a observar los bosques y los campos, y lo que antes eran problemas, se convierten en oportunidades para crecer y aprender.

Si miras un poco a tu alrededor, podrás encontrar seguramente personas próximas a ti (o tal vez tú misma /o) que han trascendido una muerte cercana, una enfermedad, pérdidas económicas, rupturas de parejas, accidentes, y que después de transcurrido un tiempo apareció en ellos una fuerza y alegría inexplicables.

Por eso, necesitamos aprender a reverenciar y agradecer los hechos de la vida que nos causaron o nos siguen causando dolor, porque pueden convertirse en nuestros maestros y aliados para una mejor vida futura.

El disfrute de la gente común

Hay tantas personas en este bello y contradictorio mundo que sufren innecesariamente en silencio. Tantas mujeres y hombres que cierran su corazón por temor, por dolor, por confusión y hasta por desconocimiento.

Por eso me pregunto: ¿Cómo llegar a los lugares más recónditos, a los pueblos más lejanos donde no hay centros comerciales? ¿Cómo acceder a esas almas que buscan y no tienen los medios a su alcance?

Esas voces que no se escuchan, esos dolores del alma que se guardan y no se liberan, esas personas que desean el disfrute y el amor pero no encuentran cómo desplegarlo... están por todos lados.

Somos muchos más de los que jamás hubieras imaginado. Hay vida más allá de los programas de televisión y las grandes ciudades. Hay tristezas no compartidas, deliciosas sonrisas no regaladas que no figuran en los diarios; como dice esa canción de Joaquín Sabina: "*...en el diario no hablaban de ti, ni de mí...*".

En este libro quiero hablar de ti, de mí, de la gente común que no ganó el Oscar ni salió en la revista de los personajes del año. Muchas veces llegamos a creer que lo que vemos en la TV es la felicidad y que las malas noticias de los periódicos "describen toda la realidad". Gente común no es mala palabra, somos todos. Y la realidad es muchísimo más amplia de lo que se ve en los noticieros y en los diarios.

Por eso el DISFRUTE pasa a ser prioritario en la vida, porque... ¿de qué sirve trabajar tantas horas, casarse, tener hijos, comprarse cosas, si luego no las podemos disfrutar?

¿Cómo aprender el goce tanto en los buenos como en los malos momentos? Sí, leíste bien, gozar, disfrutar, agradecer, puede ser una manera de pasar por esta vida aún cuando estemos tristes o enojados.

Cada vez que disfruto algo, lo siento en el cuerpo, en el corazón, en todo mi ser.

Disfrutar es estar plenamente presente en el momento en que haces algo; es sentir la perfección entre quien eres, donde estás, lo que estás haciendo y con quién estás.

El disfrute es la esencia por la cual vinimos a este mundo, sólo que después nos olvidamos y creímos que el propósito principal era el esfuerzo. Pero yo creo que no es así, es en el disfrute donde nos reencontramos con nuestros dones, donde florece fácilmente el amor y el placer, donde *bajamos la guardia* que levantamos innecesariamente por temor, y donde volvemos a privilegiar el sonreír, el juego y la simpleza.

Disfrutar no es solamente estar panza arriba en una isla tomando sol con un daiquiri en la mano. Absolutamente todo lo que hacemos puede convertirse en un instrumento para el disfrute:

- Trabajar con enfermos terminales.
- Cocinar para los seres queridos.
- Estar 10 horas por día frente a la computadora para que salga un proyecto deseado.
- Enseñar a leer y escribir.
- Limpiar la casa o lavar el auto.
- Viajar en subte, tren o colectivo.

La lista podría continuar indefinidamente, porque al disfrute no lo caracteriza la actividad en sí (por más que ayuda), sino *quién es la persona* que realiza la actividad, sea de la índole que fuere.

He conocido personas que se fueron de vacaciones, incluso que los invitaron a pasar unos días en bellos lugares de descanso, y no se podían desconectar del día a día laboral, de sus conversaciones internas, y que estaban permanentemente con un mal humor de aquellos.

Por el contrario conozco muchas personas que tienen la habilidad de encontrar el disfrute simplemente al mirar por la ventana tomando un café.

Te invito a explorar qué es el disfrute. Cómo el placer está definido por quien lo experimenta; mi intención no es llegar a una definición común a todos, sino por el contrario aprender de las diferencias y enriquecernos de lo que otros han logrado con menor esfuerzo. Es hora de dejar de hacer como muchos políticos de turno, que apenas comienzan su función, en vez de tomar lo bueno que hicieron los anteriores, quieren hacer lo propio anulando la experiencia previa. Comencemos entonces por comprender qué es el disfrute para las diferentes culturas.

EL DISFRUTE SEGÚN CADA CULTURA

"Date a ti mismo abundante placer y tendrás abundante placer para dar a los demás."

Neale Donald Walsch

Así como las diferentes personas tenemos maneras distintas de disfrutar, lo mismo sucede con los países y las culturas a lo largo de la historia.

De esta manera, lo que para una cultura puede resultar desagradable y hasta ofensivo, en otra no sólo será adecuado, sino que además estará muy bien visto.

Imagínate que si en una misma familia, y hasta en una pareja, los placeres y disfrutes pueden ser tan variados y opuestos, cómo no serlo en los estados de un mismo país, entre países y en culturas aborígenes, tales como mayas, incas, aztecas, cherokees, guaraníes, patacones, diaguitas...

Por lo tanto te propongo que a partir de hoy, te animes a dejar atrás los prejuicios sobre lo que está *bien o mal* según tu propia medida de lo que es disfrutar. Cuanto más dispuestos y flexibles estemos a este nuevo mundo posmoderno, variado y caótico, mayor provecho le podremos sacar a lo nuevo y diferente, y en vez de padecer la incomodidad, podamos tomarla para abrirnos a mundos nuevos.

Todos los seres humanos, de cualquier cultura, nación, raza y credo, de cualquier época de la historia, hemos aprendido a disfrutar de ciertas cosas y a rechazar otras. Todos hemos pasado por experiencias difíciles, lo que yo llamo la "***herida sanadora***", y si podemos abrazarla en vez de rechazarla, el disfrute comenzará a brillar. Podemos ver cómo culturas que pasaron por guerras y aprendieron genuinamente de su experiencia, lograron construir paz y concientizar sobre el valor de la vida.

Cuando podemos tomar nuestra herida sanadora, allí aparece entonces la actitud de no tener "***nada que perder***". Así sucede con individuos como con pueblos, naciones y culturas.

Como argentino escribiré cuál creo que puede ser una herida sanadora de mi pueblo, y te invito a que luego te lleve a reflexionar y preguntarte: "*¿Cuál es la herida sanadora de mi pueblo, cultura o país?*"

Esto que leerás surge de haberme entrevistado con diferentes mujeres y hombres de variados países y lo que expongo es un resumen de sus ideas. Como toda información generalizada, no representa los gustos de todos los integrantes de una cultura, simplemente hace referencia a una tendencia de lo que es disfrutar para cada cultura.

Por lo tanto no te sientas ofendida/o si lo que lees no te representa cabalmente, ya que está lleno de argentinos que no les gusta el fútbol, de brasileros que no les gusta bailar samba, de norteamericanos que saben hablar español, de italianos que no les gusta la pasta, de españoles que no comen paella, etcétera.

Comencemos entonces por la cultura que más conozco, la mía.

La herida sanadora de los argentinos

Hay un refrán que dice que los americanos descienden de los ingleses, los mexicanos descienden de los mayas y aztecas, los peruanos descienden de los incas y los argentinos descendemos... de los barcos. Esto no es una broma, es real, ya que mayoritariamente nuestros antepasados son los españoles e italianos que vinieron en barco a "*hacer la América*" a nuestro país. Con esto no estoy negando a nuestros antepasados aborígenes de culturas precolombinas y prehispánicas que fueron aniquilados por nuestros "*próceres y padres de la patria*".

Cuando me refiero a encontrar la herida sanadora de un pueblo, no deja de ser una interpretación en la que seguramente habrá gente que esté de acuerdo y desacuerdo al mismo tiempo. ¡Celebro la divergencia!

Según mi mirada, como los argentinos somos un pueblo cuyas raíces vienen de diferentes culturas mayoritariamente europeas, hemos crecido con la mirada puesta en lo que se hace o se deja de hacer en Europa, y muchas veces hemos descalificado lo nuestro. De ahí viene cierta predisposición a encontrar lo que no funciona y la auto-crítica constante. Creo que esta herida sanadora puede estar en varios pueblos latinoamericanos, donde siempre lo mejor es lo que viene de afuera. Creo que ha llegado el momento de equilibrar más la balanza e inspirarse no sólo en lo que hacen bien en el extranjero, sino también valorando y reconociendo lo que nos pertenece, sin por ello irnos al otro extremo de soberbia.

Las heridas sanadoras de los pueblos

Las heridas sanadoras de un pueblo son aquellos hechos históricos que han sido dolorosos, y que si sabe aprender y crecer de ellos, el portal para disfrutar como nación puede emerger. No son los hechos en sí mismos los que proporcionarán ese disfrute como actitud, sino lo que se haga a partir de esos hechos, es decir, cómo se los tome, se los interprete y qué acciones se lleven acabo a partir de allí. Hechos históricos de este tipo que podrían ser heridas sanadoras de otros países son:

- el holocausto en Europa,
- las invasiones españolas a los aztecas y mayas en México,
- y a los incas en Perú,
- la dominación inglesa en India durante décadas,
- la guerra civil española y el franquismo para España,
- la dictadura militar y la guerra de las Malvinas para Argentina,
- la guerra de la triple alianza para el Paraguay.

La lista podría ser extensísima, ya que para cada pueblo, existen varias heridas que podrían convertirse en sanadoras, eso depende de la actitud y disposición de cada cultura.

Y así como existen esas heridas, si logramos llevarlas a nuestro corazón y crecer con ellas, puede aparecer la actitud de no tener *nada que perder*, y por lo tanto, conectarnos con aquellas cosas que más nos hacen disfrutar de la vida.

Sé que como lector te gustaría ver reflejado o te daría curiosidad ver cuáles serían las 10 cosas que más se disfrutan en tu cultura. Como podrás imaginar, si escribiera de cada país del planeta sólo tendría que haber un libro sobre esto (no es mala idea, pero en tal caso será en un próximo libro ya que éste se trata sobre la capacidad del disfrute en general).

Veamos entonces algunos placeres culturales ¡y disfrutemos de las diferencias!

Los diez ítems que figuran de cada cultura no están enunciados por orden de prioridad.

10 cosas que más disfrutan los argentinos:

1. El mate.
2. El dulce de leche.
3. Ir a un café a conversar con amigos.
4. El fútbol.
5. Ir al shopping.
6. El tango.
7. Salir a cenar.
8. Tomar sol.
9. Jugar al truco.
10. Tener sexo.

10 cosas que más disfrutan los mexicanos:

1. Ir a un bar a tomar cerveza o tequila.
2. El café.
3. La playa.
4. Estar con la familia.
5. Viajar por el propio país.
6. Ir al cine.
7. El fútbol.
8. Tacos y guisados de cerdo o res.
9. Pescar.
10. Tener dos mujeres.

10 cosas que más disfrutan los brasileros:

1. Estar en la playa.
2. Bailar.
3. La caipiriña.
4. El fútbol.
5. Ver las novelas brasileras en televisión.
6. El sexo.
7. Escuchar todo tipo de música (desde la bossa-nova pasando por la samba, el axé, etc.).
8. El carnaval.
9. La feijoada, el feijón y el arroz.
10. El sol.

10 cosas que más disfrutan los venezolanos:

1. Celebrar por cualquier motivo o sino inventamos el motivo.
2. Reunirnos con amigos, estar en manadas.
3. Comer arepas y tequeños.
4. Estar en la playa.
5. Las mujeres venezolanas bonitas.
6. Cantar y bailar todo clase de música.
7. Hacer chistes de todo.
8. Relacionarnos socialmente y encontrar la familiaridad con todo el mundo.
9. El béisbol (Los Magallanes y Los Leones del Caracas).
10. Hablar, conversar, y seguir conversando.

10 cosas que más disfrutan los españoles:

1. La paella y el pescado.
2. Creer que *su* provincia es mas española que las demás.
3. Los *puentes* (en referencia a los feriados en fines de semanas largos).
4. El tapeo y las cenas festivas.
5. El sexo, en especial en la fiestas como las fallas valencianas, las corridas de toros, etc.
6. La familia y los amigos.
7. El alcohol (en especial la cerveza y la sangría) y el café.
8. El flamenco y la música en general.
9. Ver películas en su casa más que en el cine.
10. Las tradiciones de las generaciones anteriores y el orgullo por el país.

10 cosas que más disfrutan los norteamericanos:

1. Vacacionar en el propio país.
2. La comida rápida.
3. Los accesorios tecnológicos.
4. Disneylandia.
5. Ver todo tipo de programas de la televisión americana.
6. El básquet, el fútbol americano y el béisbol.
7. Ganar dinero y demostrarlo.
8. Hollywood (ver películas en inglés, jamás subtituladas).
9. Pasear por los centros comerciales.
10. La sopa de pollo y el pavo (en especial para el Día de Acción de Gracias).

10 cosas que más disfrutan los sudafricanos:

1. La música con instrumentos de percusión.
2. La comida.
3. La familia.
4. Hacer negocios y salir ganando.
5. Los pocos días frescos.
6. Las ceremonias y rituales religiosos.
7. El intercambio cultural.
8. Aprender de los ancianos y sabios.
9. Hacer artesanías (madera, metal, cuero, etc).
10. Jugar al fútbol.

10 cosas que más disfrutan los indios:

1. Ver o jugar al críquet.
2. Tomar "chai" (té hindú con especias y leche) a cualquier hora y lugar.
3. Las joyas de oro, cadenas, colgantes, anillos, tobilleras, son parte especial de su vestimenta, especialmente las mujeres. Teniendo un simbolismo particular según su cantidad y ubicación.
4. Ver películas hechas en la India en especial de amor y musicales (ellos las llaman *Bollywood*, que es una mezcla de Bombay y Hollywood).
5. Vestir bien, (los que están bien acomodados), en especial las mujeres para lucir sus *saris*, esto se aprecia fuera de la India o en un aeropuerto.
6. Los casamientos (todo lo que lo rodea, sus preparativos y organización).
7. Degustar los platos variados comiendo con las manos y como momento de encuentro, acompañando el infaltable

arroz con un tibio *roti* (nombre genérico del pan en India) especialmente un *chapati*, o *naan*, (uno de los panes más típicos de la India). También disfrutar de ricos dulces, especialidades indias a base de jengibre, pistachos, coco y leche condensada.
8. Escuchar a Prem Joshua (uno de sus músicos más famosos internacionalmente).
9. La vivencia de su espiritualidad, presente en todo momento, según la religión que se profese, adorando y haciendo ofrendas a sus dioses.
10. Pasear al aire libre por zonas de jardines o plazas, lagos, etc.

10 cosas que más disfrutan los japoneses:

1. El Karaoke.
2. El Pachinco... (es un juego donde se deben embocar bolitas en diferentes casilleros).
3. Comer sushi y pescado en general.
4. Jugar al béisbol.
5. Ver y practicar el deporte nacional: sumo.
6. La tecnología.
7. Los bares para hombres atendidos por mujeres en ropa interior.
8. El juego del críquet para la gente mayor.
9. Pasear por los shoppings.
10. Andar en bicicleta.

DISFRUTAR ES RECONECTARSE CON LA NIÑEZ

"Todo niño es un artista. El desafío es cómo mantenerse siéndolo una vez que se ha crecido."

Pablo Picasso

Cuando éramos niños los espacios que caracterizaban el disfrute eran aquellos que contenían al menos uno de los siguientes factores:

1. La naturaleza,
2. Los sentidos y
3. Los juegos.

1. La naturaleza: Yo nací y me crié en la ciudad de Buenos Aires, y como toda gran ciudad, está repleta de cemento, tráfico, ruidos y por lo tanto, poco contacto cotidiano con la naturaleza. Pero tuve la bendición de tener unos abuelos que vivían en la montaña, en una localidad de Córdoba, La Cumbre.

Cada temporada de vacaciones que pasaba allí, todo mi ser se transformaba. En aquél lugar no había tráfico, los ruidos externos se transformaban en sonidos de la naturaleza, el cemento sólo se veía en casas rodeadas de sierras, pinos, eucaliptos, dalias, hortensias y la sinfonía de pájaros.
En verano me gustaba desayunar y tomar el té al aire libre, respirando profundo el aire fresco y puro de las sierras entre sorbos y bocados. Pasaba de sentirme el niño insignificante de la ciudad al importante rey (o mejor dicho, principito) de las montañas.
Tenía un conejo blanco, suave y tierno a quien adoraba darle de comer y acariciar. También me encantaba ir de pic-nic, no importaba dónde, lo fundamental era llevar una tela bien grande para extender a la sombra de un árbol toda la comida y sentarnos en el césped alrededor de la "mesa familiar".
Y qué lindo era reír porque sí, contar chistes pícaros, dormir la siesta, y recostarse en el pasto boca arriba para ver el cielo a través de las ramas.
Definitivamente la naturaleza es una de las fuentes originarias del disfrute. Y si hoy, en tu vida de adulto no te gusta para nada la vida al aire libre... tal vez haya alguna desconexión, dado que nuestra naturaleza humana incluye a la naturaleza "al paraiso verde".

2. Los sentidos: Como habrás observado, hablar de la naturaleza sin referirse a los sentidos es imposible. Mares, lagos, montañas, playas, campos, calor, frío. Lluvia, nieve, sol, atardeceres, todo se conoce a través de la experiencia, y eso significa *oler* el campo después de la lluvia, *ver* el atardecer en el mar, *oír* los pájaros a la mañana, *tocar* la nieve, *degustar* una limonada con hojitas de menta...

Cuando somos niños, la vida entera sucede a través de los sentidos, nada tiene el filtro de la razón o la adecuación. Es mucho más importante *lo que siento*, a lo que *pienso* ó *debería sentir*.

Cuando somos niños, disfrutar es sinónimo de reír y llorar con todo el cuerpo, y con la misma intensidad, tanto para una emoción como para la otra. Todo espacio demasiado lingüístico o intelectual resulta aburrido; es decir, es mucho más divertido andar en bicicleta que leer el record de los mejores ciclistas. Es mejor comer pan con manteca y leche chocolatada que contar las calorías de cada alimento.

De niños preferimos la experiencia física a la explicación de la experiencia... Entonces, ¿cómo y en qué momento comenzamos a hacer exactamente lo contrario?

Cuando nos sentimos perdidos y sin capacidad de disfrutar, probablemente sea hora de retomar el camino sensorial.

A mayores explicaciones, mayor desconexión de las experiencias, por lo tanto menores posibilidades de disfrute.

3. Los juegos: Así como Calderón de la Barca escribió *La Vida es sueño*, todo niño diría que "la vida es juego". De pequeños jugamos a las escondidas, a la mancha, al doctor, a mamá y papá, a ser la maestra, el ídolo de la TV. También jugamos a cantar, bailar, dibujar, correr, trepar árboles, escuchar un cuento; vivimos jugando y nos resulta natural que así sea, ¿cómo sería si no la vida?

   Jugar es tener la predisposición "a priori" a pasarla bien, sea lo que fuere que hagamos: siendo niños el juego es la manera que elegimos para hacer las cosas, aprender y crecer.

   Es sorprendente que una vez crecidos dejemos de jugar y hasta nos parezca ridículo o *inmaduro* tomarse la vida *seriamente como un juego*.

Como escribí en mi libro "El Alma tiene sus razones", de adultos aprendemos a jugar de maneras más complejas y sofisticadas, y lamentablemente muchas veces haciendo daño a los otros y a nosotros mismos.

El desafío, siendo adultos, es reaprender la actitud fresca y liviana de cuando éramos niños ante las situaciones que, comúnmente responderíamos con miedo , violencia o indiferencia.

El común denominador de estos tres factores (la naturaleza, los sentidos y los juegos) es nuestra NIÑEZ. Por esa razón, si estamos buscando mayor disfrute en el área de la vida que fuese, es importante atrevernos a realizar acciones cotidianas que nos reconecten con lo que hace mucho fue natural.

El juego por lo tanto, es un requisito básico para reconectarnos o incrementar nuestra capacidad para disfrutar.

¿Qué acciones pequeñas y cotidianas podrían ayudarnos a dar los primeros pasos hacia una actitud de genuino disfrute?

Pueden ser muchísimas, y muy variadas: caminar al aire libre, salir a bailar, comer "esa" comida que hace tiempo no pruebo, pedir ayuda a quien crea me puede orientar en este tema (amigos, terapeutas, cursos, libros), meditar y quedarme en silencio, permanecer un poco más con alguien, o en un determinado lugar o en una actividad, escuchar música.

Hace un tiempo conocí una mujer de ojos intensamente marrones, que trabajaba en el hotel de montaña donde me encontraba escribiendo. Apenas había llegado, me atrapó su mirada, había una tremenda dulzura detrás del entrecejo fruncido. Algo me decía que iba a tener la oportunidad de acercarme más y descubrir la suavidad que ocultaba esa dureza.

Y efectivamente eso sucedió, yo estaba con mi papel y mi lapicera queriendo plasmar las ideas cuando ella se acercó a ofrecerme un café. Allí mismo nos pusimos a conversar y le mostré el libro anterior que había escrito, a lo cual ella lo tomó entre sus manos y comenzó a devorar las palabras de la contratapa, luego de la introducción, después me preguntó si tenía uno de más y terminamos conversando sobre el dolor de su alma de trabajar sola, a más de ochocientos kilómetros de su amado hijito. Sus ojos se llenaron de luz cuando habló de él, de una profunda tristeza pero a la vez del bálsamo interior que aparece cuando podemos liberarla y compartirla.

Hacía unas horas éramos perfectos desconocidos y luego estaba yo también contándole sobre el porqué me encontraba allí, qué estaba buscando encontrar y qué necesitaba mi alma transmitir al escribir.

Después que ella se fue contenta con mi libro bajo el brazo, yo también me sentí alegre, esperanzado y con ganas de abrazarla.

Como dice Saint Exupèry en *El Principito*: "*...si me domesticas (*léase *acercarse a otro con el corazón) tendremos necesidad el uno del otro. Serás para mí único en el mundo. Seré para ti único en el mundo...*"

Entonces fue que me pregunté: ¿Cómo hacer para replicar esta experiencia en la mayor cantidad de personas posibles? ¿Cómo iniciar este proceso no sólo con las personas más cercanas y queridas sino también con quienes aparecen en mi camino?

LA HISTORIA DEL DISFRUTE

"No quiero arrepentirme cuando el tiempo haya pasado por las cosas que no pude hacer, y sentir que no he vivido todo lo que yo he querido por no haberme animado a crecer. No quiero arrepentirme por los sueños postergados y el camino que dejé sin recorrer, por no haberme permitido los deseos reprimidos cuando no tenía nada que perder. Quiero respetar mis ganas, disfrutar cada mañana como si fuera la última función; Ser feliz a mi manera, cada minuto que queda como el día que conocí el amor. No quiero arrepentirme cuando me sienta cansado y no sepa lo que pueda suceder, aferrándome a la vida al llegar a la salida, cuando ya no tenga forma de volver".

Daniel García y Mario Schjris

¿No es increíble que hayan pasado tantos siglos de aprendizaje en el planeta tierra, que hayamos avanzado tanto tecnológicamente, que hayamos estudiado la historia de la humanidad, y no hayamos estudiado ni aprendido ***la historia del disfrute***?

¿Será casualidad que cada vez haya más lugares de descanso y entretenimiento, pero a su vez existan mayores dificultades para detenerse a descansar y disfrutar? Por supuesto que no es casualidad, como tampoco lo es el hecho de que cada vez existan más adictos al trabajo, y como su nombre lo indica, no se refiere a personas que aman lo que hacen, sino a quienes no pueden decir que "no" (como cualquier adicción) al espacio laboral; ya que de esa forma se tapa, se descuida o se cubren otras áreas de la vida que no están funcionando bien.

En todos estos casos, el disfrute pasa a un segundo lugar, o directamente desaparece.

Entonces vamos a comprender un poco más sobre el disfrute; para eso sirve la historia, para comprender de dónde venimos, qué aciertos y errores cometimos, y poder enfocarnos hacia el futuro, con mayor conciencia y capacidad de acción.

Como todos solemos hablar y opinar en relación al disfrute, y cada uno tiene su propia interpretación, vamos a ver qué dice el diccionario al respecto.

Según la definición del diccionario Aristos de la lengua española, la palabra **disfrutar** tiene el siguiente significado: "*Gozar y percibir los productos o utilidades de una cosa. Gozar de salud, comodidad y protección. Sentir placer y gratas emociones.*"

Para referirme a la historia del disfrute, y dar mi propia visión del tema, voy a evocar a una admirado maestro, el Dr. Humberto Maturana.

Si nos remontamos a los orígenes de la humanidad, cuando el ser humano era nómada, existía (en palabras de Maturana) la "**Era de la Confianza**". Ésta se caracterizaba por el hecho de que el hombre (genéricamente hablando) se iba desplazando en busca de su alimento, y allí donde lo encontraba, se instalaba hasta que la naturaleza en su ciclo estacional lo hacía continuar su camino en busca del alimento por otras latitudes.

En esa época no existía la idea de instalarse en un lugar y hacer producir a la naturaleza según la necesidad del hombre, sino que, por el contrario, el hombre adecuaba su necesidad a lo que la tierra podía ofrecerle en forma natural.

El ser humano en aquél entonces *confiaba* que encontraría lo necesario para vivir (comida, agua, refugio, amor) e iba en busca de esos lugares. En aquél entonces, si bien se vivía con menos "comodidades" que en la actualidad, el hombre no se quejaba si no había más leche descremada en la heladera, ya que su paradigma era ir en busca del alimento y no esperar a que el supermercado se lo trajera en su envío a domicilio.

En esa época, el disfrute iba de la mano de la confianza, puesto que las expectativas estaban puestas en buscar alimento hasta encontrarlo y luego *agradecer*. La confianza era algo *natural*, que se daba sin necesidad de pensar, meditar o poner conciencia en ello.

Así ocurrió por millones de años hasta que los seres humanos nos volvimos *sedentarios*. ¿Qué significa eso? Que dejamos de ir en busca del alimento y el refugio y nos establecimos en un determinado lugar y comenzamos a hacer que ese lugar produjera alimento y mantuviera nuestra vivienda, acorde a nuestras necesidades. Allí dejamos de escuchar a la naturaleza y comenzamos a explotarla.

Fue en esa época cuando comienza a nacer el concepto de la *propiedad privada*, y donde *nuestros* espacios (los de mi comunidad), se convierten en *MI* espacio que hay que hacer producir. De esa manera plantaba *mis* tomates, *mis* manzanas, hacía *mi* aljibe para conseguir *mi* agua y cuidaba a *mi* ganado.

¿Qué pasaba entonces cuando un lobo (que antes era un compañero de caminos) quería comerse *mis* gallinas, ó un vecino (que antes era de mi comunidad) quería llevarse *mis* manzanas?

Ahí fue cuando se inició, la "**Era de la Desconfianza**", donde no sólo había que hacer producir el suelo (llegada de la era industrial) sino también custodiar que nadie se metiera en mi territorio.

La desconfianza entonces, se sustenta en separarme de lo natural, y como dejo de sentirme parte del entorno, necesito controlarlo.

Con la era de la desconfianza, el disfrute como actitud natural y simple de la vida, comenzó a relegarse, transformarse y en muchos casos hasta desaparecer.

Así llegamos hasta la actualidad, donde hemos exacerbado la protección de lo propio y hemos hecho un culto a la inseguridad y el miedo.

Desde estas emociones y esta manera de ver la vida, es comprensible que el disfrute ya no resulte tan natural y cotidiano.

Lo que te pido es que no quieras llegar a conclusiones apresuradas del tipo: "*entonces tenemos que volver a ser nómades*" ó "*muera la propiedad privada*", etcétera.

No es cuestión de buscar ingenuamente un culpable (como la serpiente de Adán y Eva) sino de comprendernos, de saber de dónde venimos para elegir conscientemente construir de aquí en más una nueva etapa.

Si la era primera fue la de la Confianza, y la segunda ha sido la de la Desconfianza (que es la que ha llegado hasta hoy), el desafío será crear de aquí en mas, la "**Era de la** CONFIANZA CON INTENCIÓN".

¿Qué significa esto? Que si en la primera era de la confianza, se daba en forma natural, ahora necesitaremos desarrollar conscientemente y a través de una *intención individual y decidida*, la reconstrucción paulatina y sostenida de una nueva forma de convivencia posible, donde las diferencias sean un trampolín al disfrute, y no una amenaza.

Una intención individual y decidida significa que en el día a día, y cada vez que nos levantamos a la mañana, tener presente que sólo por hoy, voy a estar alerta de generar espacios de confianza en mi entorno. Como todo gran cambio, se comienza por uno mismo, luego por mi círculo próximo y recién después vendrá mi país y el mundo.

Este desafío implica que cada vez que sienta mi confianza quebrada no concluir que "*ya no se puede confiar en nadie*", sino en seguir generando y buscando personas y contextos que lo posibiliten nuevamente.

Esta nueva época es la que permitirá la reinstalación del disfrute como la manera más conveniente de pasarla bien entre todos los que poblamos este planeta.

Pero como esto no es un inocente deseo que quisiera ver hecho realidad, sino más bien una declaración del rumbo hacia el que muchos queremos dirigirnos, cuando declaramos un objetivo, el paso siguiente es comprometerse a materializarlo.

Para lograr entonces que esta nueva época comience a instalarse, primero necesitamos IN-CORPORAR en cada uno de nosotros (es decir *llevar al cuerpo*, que no quede solo en ideas mentales) aquello que deseamos para los demás.

Lo que expongo a continuación es el ABC para materializar el cambio y reestablecer el disfrute. Nunca me cansaré de decirlo en mis seminarios y cursos ni de escribirlo en mis libros; el puntapié inicial para una transformación honesta y sostenible se basa en la fuerza de aquello en lo que creemos.

Las *creencias* que tenemos son las que dominan nuestro mundo, las que crean nuestro día a día. Yo lo sintetizo en esta frase: "*Creamos lo que Creemos*".

Los invito entonces a hacer un pequeño viaje al interior de nuestras creencias más profundas.

Los seres humanos somos como una flor de loto: en las raíces está el fondo de nuestras búsquedas e inquietudes; por sobre las raíces aparecen las hojas y flores, que en los seres humanos son las formas visibles y están representados por las creencias que nos hacen ver y vivir la vida de maneras diferentes.

La llave maestra del trabajo personal es ser conscientes de que "*creamos lo que creemos*", que los pensamientos de hoy son la realidad de nuestro futuro, es decir, nuestra realidad actual es una consecuencia de los pensamientos y creencias que venimos teniendo desde años atrás.

Al leer este concepto podría resultarte tan obvio y simple de comprender, pero me interesa recalcar el carácter tremendamente importante e influyente que tienen nuestras creencias en el disfrute o padecimiento de la vida. Por eso te invito a reflexionar sobre tus creencias en general, quiero decir, sobre tu única y particular manera de ver el mundo.

Existe un requisito indispensable para poder cambiar nuestras creencias y relaciones: estar dispuestos a aceptar que mis creencias NO son LA manera de ver y creer la "realidad" tal cual es, sino MI forma de ver la vida.

Cada vez que entras en discusiones y desacuerdos con otra persona, no es exclusivamente por lo que ocurrió en sí y que generó el conflicto, sino por las diferentes interpretaciones de lo ocurrido.

Ahora bien, si dos personas que entran en conflicto no reclamaran su creencia o interpretación del hecho como la **verdadera**, muy probablemente ese conflicto se resolvería de manera más fluida o, directamente, desaparecería.

Si esto es tan fácil de comprender, ¿por qué cuesta TANTO ponerlo en práctica en el día a día? Para responder esta pregunta voy a remitirme brevemente al pasado de nuestra historia como seres humanos.

Hace miles de años existieron filósofos muy importantes que postularon, a juicio de ellos, cuál era la manera que tenían las personas de acceder al conocimiento. Ese fue el caso de Aristóteles, quien propuso que la forma de acceder al conocimiento de **la verdad** era a través de **la razón**. Más adelante en la historia apareció Descartes diciendo que: "*Primero pienso, y luego existo*".

De esta manera, a partir de Aristóteles, y reforzado en el tiempo, se estableció el paradigma de que "los seres humanos tenemos la capacidad de conocer las cosas tal cual son a través de la razón".

Esta fue **una** manera de comprender el proceso de conocimiento de las personas (lo que se denomina "epistemología"), pero lo que olvidamos a partir de allí fue precisamente que ésa era UNA manera de conocer, y no la ÚNICA o VERDADERA.

¿Qué es lo que sucede cuando dos personas discuten por sus diferentes formas de ver un hecho? Por lo general, intentan convencerse una a la otra que es el otro quien está equivocado y que es uno quien está en lo cierto. En algunos casos, si no lo puede convencer, lo negará o lo aniquilará. Y esto es porque ambos creen que tenemos acceso a conocer las cosas tal cual son y que si vemos las cosas de manera diferente, es el otro quien estará equivocado.

Esta forma de creer y vivir la vida es el caldo de cultivo para el negocio más grande de nuestros tiempos: la guerra. Esta mega creencia dice que lo diferente a mí es riesgoso o peligroso, y como tal hay que cambiarlo o eliminarlo.

Esto mismo es lo que nos ocurre individual y cotidianamente cada vez que nos enfrentamos con las diferentes visiones y percepciones que tienen los demás. Por eso es tan importante ser conscientes del paradigma del que venimos todos, y estar dispuestos a crear uno nuevo, lo que significa estar listos para observar nuestras creencias como reflejo de quienes somos, y no como un reflejo de lo que el mundo "ES".

Ahora ya conoces una *breve historia universal del disfrute* para comprender, según mi mirada, qué es lo que hicieron quienes nos precedieron.

Lo desafiante de esta mirada es que en este momento, mi querido /a lector / a eres tú quien forma parte de la generación que está construyendo lo que será la Historia del Disfrute de aquí en más (sí, disfrute con mayúscula). Así que lo que leas no sólo te servirá para tu propia vida, sino para poder aportar en tu mundo cercano una nueva semilla de disfrute, donde aprender a gozar los pequeños placeres de la vida sea tan obvio como aprender a lavarse los dientes.

Escribiendo estas líneas, me *sucedió* algo mágico e insólito: mientras escribía los últimos párrafos, sin darme cuenta escribí varias veces "*mal*" la palabra disfrute.

Lo más interesante es que la escribí siempre de la misma manera. Sólo cuando levanté la mirada de mi computador para chequear cómo estaba escribiendo, descubrí este hallazgo, le había agregado sin darme cuenta, una letra más a la palabra (la vocal "o"), y oh! casualidad, ¿qué palabra quedó?: *DIOSFRUTE.*

Lo tomé como una señal que debía quedar impresa en el libro. Tal vez a partir de ahora el disfrute tenga cada vez mas que ver con conectarse con el dios interno que cada uno lleva, sin importar las religiones ni los mandatos, sino con esa fuente de conexión con lo esencial de la vida.

EL DISFRUTE DE LA HISTORIA

"Lo que cada uno llama placer es lo que declara su nivel de evolución."
Neale Donald Walsch

Estuvimos dándole una mirada al pasado para comprender cómo es que los seres humanos nos relacionamos con el disfrute en las diferentes eras de la historia.

Entonces, así como vimos la historia del disfrute, ahora veremos ***cómo disfrutar de la historia***, tanto personal como de la cultura a la que pertenecemos.

1. Comencemos por ***la historia personal***: En general, venimos de una familia conformada por un padre y una madre que nos dieron la vida, y luego vino la crianza que puede coincidir o no con los padres biológicos. Nuestra historia personal está conformada por el amor que recibimos de nuestros padres o por la falta del mismo, éste es *EL* punto esencial en la conformación de nuestra historia personal y de nuestra actual identidad. El hecho de habernos sentido amados y cuidados por nuestros padres

cuando éramos niños es el factor fundamental para sentirnos merecedores de todas las maravillas que tiene para ofrecernos esta vida.

Este aspecto es el punto de partida de nuestra historia personal, pero luego se suceden diferentes experiencias que van conformando nuestra historia, y hacen que se vaya enriqueciendo, tanto si los hechos sucedidos nos agradaron como si nos dolieron. Todos los hechos de nuestra vida han enriquecido nuestra historia personal porque son ellos quienes nos han convertido en la persona que somos en la actualidad y los que nos han traído hasta hoy.

En definitiva, *disfrutar es permanentemente una elección*, minuto a minuto, es una actitud que se elige conscientemente o no, a cada momento. Como dijo Charles Chaplin refiriéndose a su propio pasado (quien tuvo una infancia plagada de abandonos de sus padres, maltratos e internaciones en asilos para niños): "*Nunca es tarde para haber tenido una niñez feliz*".

La capacidad de disfrutar de nuestra historia personal no tiene relación alguna con los hechos ocurridos en sí mismo, es decir no depende de que hayamos tenido una infancia maravillosa al estilo la "*familia Ingalls*" y nuestra adolescencia haya sido perfecta. Poder disfrutar de nuestro pasado depende de la capacidad para desarrollar una mirada en nuestra vida de adultos con respecto al pasado. Y si lo que pasó fue doloroso en su momento, poder disfrutar de nuestra historia personal significa poder extraer un aprendizaje enriquecedor de lo sucedido y que nos sirva para tenerlo presente hoy a la hora de gozar de las diversas instancias que nos presenta la vida.

¿Cómo hacer entonces para adquirir esa actitud de disfrute en nuestra vida de adultos? ¿Cómo hacer para desarrollar esa nueva mirada con respecto a nuestra historia

personal cuando sentimos que todo fue negativo, doloroso y no le encontramos el aprendizaje positivo?
Como tantas veces lo digo en mis seminarios, el primer y fundamental paso para lograr cambios es: QUERER CAMBIAR genuina y profundamente. Esto significa no esperar que alguien o algo de afuera venga a traerme la solución, sino ser tú mismo/a quien salga a buscarla. Recuerda esa antológica frase: "*Cuando el alumno está preparado el maestro aparece, ni un minuto antes ni uno después*".

Luego de querer sinceramente cambiar, el próximo paso será BUSCAR LA AYUDA que mejor se acomode a las propias necesidades, esto implica aprender a preguntarme: ¿Qué tipo de ayuda necesito? ¿Es un terapeuta?, si es así, ¿prefiero una mujer o un hombre? ¿Es un libro, es retirarme a algún lugar alejado del que vivo? ¿Es abrir conversaciones con alguien en particular? ¿Es animarme a aprender una disciplina, a iniciar o finalizar una relación? Si primero no nos entrenamos en preguntarnos y escuchar lo que nuestro corazón nos dice, muy difícil será encontrar respuesta afuera y caminos que nos satisfagan.
Finalmente, una vez que quieres genuinamente cambiar, que iniciaste tu búsqueda y has encontrado los caminos posibles, el paso siguiente será llevar al terreno de la ACCIÓN aquello que has descubierto, de lo contrario te convertirás en un teórico que sabe de muchas cosas pero que su vida sigue siendo un fastidio.

2. Veamos ahora cómo disfrutar de la ***historia cultural*** a la que pertenecemos: Nos ha tocado nacer en una determinada familia, que a su vez vive en un determinado país y por lo tanto forma parte de una cultura. Esto implica que

al nacer, junto con la leche materna, comenzamos a recibir usos y costumbres del lugar donde nacimos, junto con maneras de ver el mundo, formas de comer, conversar, emocionarnos, etcétera.
Nuestra historia cultural está compuesta por lo tanto, por la herencia cultural a la que pertenecieron y que recibimos de nuestros padres (o quienes cumplieron ese rol).
Si renegamos de nuestra cultura estamos renegando de nosotros mismos, si vivimos criticando y hablando negativamente del país al que pertenecemos, de la forma de ser del pueblo que integramos, estamos divididos. Es lo mismo que renegar de los padres, nos guste o no, venimos de ellos y tenemos partes de ellos en cada célula de nuestro ser. Del mismo modo, tenemos infinidad de características en nuestra aparente única personalidad, que se deben a la cultura en la que hemos sido criados. Por ejemplo, al haber nacido en Buenos Aires, crecí observando a mi abuelo cómo escuchaba por radio los partidos de fútbol los domingos, comía asados a la parrilla los fines de semana, me gustaba mucho el dulce de leche, mi madre tomaba todas las mañanas y las tardes su mate, y por supuesto cuando hablo pronuncio la *y* de la característica forma argentina (y más aún porteña).
Hoy yo no veo fútbol, no como carne roja y tomo poco mate (casi parecería que no soy argentino), sin embargo, todo eso me pertenece, forma parte del mundo en el cual crecí. El dulce de leche me sigue gustando y la letra *y* la sigo pronunciando con el acento que nos caracteriza.
Esto es lo que sucede con nuestra cultura: habrá aspectos que ya no nos identifiquen mucho y otros que sí, pero todo el mundo cultural que absorbí de pequeño me sigue perteneciendo e influyendo en la manera de ir por la vida.

No somos libres en ese aspecto, podemos luego de adultos elegir qué hacer con lo que recibimos, qué mantener y qué desechar, pero la marca que nos impregnó la cultura en la que nacimos es indeleble.
Por ello, para poder disfrutar de nuestra historia cultural, necesitamos en primer lugar ACEPTAR y dejar de pelearnos o renegar con nuestro origen. Como dice N. D. Walsch: "*Lo que resistes, persiste*". Aceptar nuestra historia cultural no es estar en un 100% de acuerdo con ella, es estar en paz con quienes somos a nivel cultura y país, es agradecer por quienes somos y lo que hemos recibido.

Luego de dejar atrás las quejas por el país y la cultura a la que pertenecemos y aceptarla, el paso siguiente será PONER MANOS A LA OBRA para cambiar aquellos aspectos que no me placen de mi cultura, comenzando por el único espacio donde tengo absoluto poder: en mí mismo/a. La cultura jamás podría cambiarla un pequeño grupo de personas (y menos aun tú solo/a), por eso es que el mejor espacio para comenzar a modificarla es en ti. Los cambios culturales que ocurrieron a lo largo de la historia, han sucedido por la suma de muchas voluntades sostenidas a lo largo del tiempo.
Si aprendiste a ***aceptar*** en paz y con respeto la cultura que te pertenece, si después comenzaste a ***poner manos a la obra*** para cambiar en ti lo que ya sientes que no te pertenece, entonces estarás listo/a para dar un salto cuántico: comprobar que ***cuando tú cambias, tu alrededor cambia y por lo tanto tu cultura comienza a cambiar***. Entonces ya estarás muy cerca de disfrutar plenamente de tu historia cultural.

LA LEY DEL DISFRUTE

"Cuando eres natural, cuando no tratas de aparentar ser otra cosa, entonces te encuentras muy cerca de Dios."
Ravi Shankar

Así como existen leyes universales que están más allá de lo que opinen lo seres humanos, como por ejemplo "la ley de gravedad", he descubierto que también existe "la ley del disfrute", y como tal contiene sus principios, que de conocerlos, las puertas del disfrute podrán abrirse de par en par.

Así como la ley de gravedad nos muestra que si no apoyo un vaso sobre la mesa, éste caerá, de la misma manera ocurre con la ley del disfrute.

Sólo que hasta ahora nadie había observado cómo es que el disfrute ocurre en las personas, y qué tener en cuenta para sembrarlo y desplegarlo.

Cuando tenemos incorporada la ley del disfrute nos ocurre como con la ley de gravedad, que ni siquiera tenemos que pensar en apoyar los objetos sobre los muebles para que no se rompan al caer al piso, simplemente lo hacemos porque sabemos que es ***obvio*** que si no los apoyamos, ocurrirá lo indeseado.

Del mismo modo, y conociendo la ley del disfrute, es decir, comprendiendo los principios y la forma en que se presenta, podremos propiciar unas acciones y evitar otras, con el maravilloso fin de disfrutar el recorrido conocido como *nacer-crecer-morir*.

Veamos entonces cuáles son los 7 principios que caracterizan la ley del disfrute:

1. **El disfrute comienza en la mente, es decir en los pensamientos.** Por lo tanto el primer paso encaminado hacia la reconquista del disfrute será observar en dónde ponemos atención al pensar, hacia dónde se va nuestra cabecita con frecuencia; ya que si queremos disfrutar la cotidianeidad pero vivimos con pensamientos de temores, desconfianza, peleas internas, broncas, será difícil que el disfrute aparezca.
   Ejemplo: Esto que leerás le sucedió a Pilar, y a continuación te describo la situación:
   Ella se está por ir de vacaciones a la playa, está ansiosa para que llegue el día, hace varias semanas que tiene todo planeado: pasajes, hotel, paseos, actividades, etc. Finalmente, toma su avión y llega al lugar soñado. El tiempo es maravilloso, todo funciona a la perfección. Apenas se acuesta para tomar sol en la piscina del hotel le suena su celular, enojada de que suene (nadie la obligó a llevarlo) lo atiende (nadie la obligó a atenderlo) y es su jefe que desde su oficina le hace unas consultas. Luego de ese llamado decide apagar su celular y no volverlo a usar. Creyendo que ahora sí podrá disfrutar, comienza a tomar sol. A los cinco minutos está pensando en el trabajo, y después de media hora de discutir mentalmente con su jefe, decide

ir en busca de un trago para olvidarse. Mientras bebe el trago y mira el mar, piensa en el hecho de estar sola y le da bronca que haya terminado su relación con su último novio. Antes de terminar el trago, está con bronca y tristeza pensando en la relación que no fue.

Para olvidarse del ex novio decide darse un baño en el mar. Llega a la orilla, se quita su falda y su camisa y al mirarse se ve más gorda y con celulitis, entonces entra corriendo al agua para que nadie la vea y se pone a discutir consigo misma sobre lo quieta que estuvo todo el año, y culpándose porque no hizo ejercicio.

El disfrute comienza en la mente, es decir en los pensamientos.

Para olvidarse del tema comienza a nadar, le da tanto placer hacerlo que recuerda a sus padres ya mayores y le da culpa que ellos no puedan disfrutar de algo así, entonces piensa en cómo estarán sus padres y se preocupa por ellos. Decide salir del agua, secarse y buscar su celular para llamarlos. No los encuentra y se queda aún más preocupada, entonces para olvidarse del tema se va a almorzar al restaurante de playa, pero como se acuerda de lo gorda que está, come poco y se queda con hambre, eso la pone de mal humor y se va a dormir la siesta para olvidar. Se queda dormida cuatro horas y cuando se despierta le da bronca comprobar que ya está atardeciendo y se le pasaron las horas de sol.

¿Cómo terminó su día? Con conversaciones internas sobre:

- su jefe que la llamó en sus vacaciones y no le respetó su espacio,
- su ex novio que la dejó sin dar explicaciones,
- su cuerpo, que está con exceso de peso,
- sus padres que están viejitos y se pueden morir,

- su necesidad de dormir mucho y perderse de disfrutar del sol,
- su bronca consigo misma por darse cuenta que no puede parar de pensar en cosas que no le hacen bien.

¿Cómo termina esta historia? No tiene fin, los días de vacaciones podrían ser todos así, con el infierno dentro de la mente, por más que afuera exista el paraíso.

Tal vez no te suceda exactamente esto, pero nuestras mentes funcionan así. La mente está hecha para pensar y, por lo tanto, es natural desarrollar pensamientos, pero somos nosotros quienes necesitamos aprender a desarrollar una manera diferente de vincularnos con la mente.

Por supuesto que podemos comenzar a cambiarlo desde el afuera. En este caso: no encendiendo nunca el celular (o no llevándolo, el mundo puede seguir sin nosotros), iniciando conversaciones con algún nuevo candidato en vez de pensar en lo que no fue, etc, etc. Pero lo más importante será iniciar un camino para silenciar la mente y reemplazar los pensamientos destructivos por otros constructivos. Este camino se puede comenzar aprendiendo a meditar, realizando actividades físicas satisfactorias...posibilidades hay de sobra.

Lo fundamental es comenzar a observar dónde están nuestros pensamientos porque allí se inicia la posibilidad de disfrute.

2. **Lo que hacemos afuera, lo hacemos adentro**. Esto significa que lo que le hacemos a los demás, nos lo hacemos a nosotros mismos. Si para disfrutar implica que otros se verán perjudicados con mi disfrute, entonces ese aparente

momento de placer, tarde o temprano se transformará en pesadilla. Porque este principio funciona muy claro: *lo que va, vuelve.*

Ejemplo: Existe una película llamada "*Cadena de favores*" ("*Pay it forward*" en inglés) donde la idea central que se desarrolla es precisamente ésta: que cuando alguien te hizo un bien, no lo devuelvas necesariamente a la misma persona, sino que puedas hacer bien a otras. Visto en el sentido contrario, cuando alguien nos hace daño, si continuamos con esa línea y nos vengamos, contribuimos a generar aún más de lo que no queremos más.

Como le sucedió a un compañero de la facultad: Él era el típico chico lindo que iba siempre vestido a la moda y su objetivo era seducir cada semana a una mujer diferente para divertirse el fin de semana. Recuerdo haber visto varias veces algunas chicas llorando porque él las había dejado al poco tiempo de comenzada la relación. Él disfrutaba *levantándose* chicas que se enamoraran perdidamente. No le atraían las mujeres que eran como él, decididas a pasarla bien una noche y adiós. A él le gustaba enamorarlas, tener sexo y después ir diluyendo la relación. Incluso con dos de ellas cuando se enteró que estaban embarazadas, les dio el dinero para abortar y a otra cosa.

Lo que hacemos afuera, lo hacemos adentro.

Así fue durante los años universitarios, hasta que, habiendo pasado los treinta años, conoció al amor de su vida. Ella no podía quedar embarazada y esto a él no le preocupaba tanto como a ella, que ser madre era primordial. De un día para el otro ella decidió separarse y conoció a otro hombre que la dejó embarazada.

Podríamos decir que todo es simple casualidad, o podríamos ver que algunas veces lo que llega a nuestras vidas y no nos gusta es una simple compensación para aprender lo que no observamos en su momento.
Por eso es tan importante ser conscientes que nuestro disfrute no sea en desmedro de los demás. Esto no significa que los demás estén de acuerdo con quienes somos o lo que hacemos, sino simplemente no provocar el sufrimiento ajeno para disfrutar, es decir, no convertirnos en *sádicos emocionales.*

3. **Las vibraciones que emitimos deben ser de la misma frecuencia que las del disfrute.** Los seres humanos emitimos vibraciones con nuestros pensamientos, emociones, deseos, y para que el disfrute aparezca nuestras vibraciones deben ser del mismo nivel de frecuencia que nuestra capacidad de disfrutar. Esto se debe a que las energías afines se atraen, por lo tanto para atraer placer, necesito ingresar en la frecuencia que lo atrae. Es la tarea personal de cada uno identificar cuáles son aquellos pensamientos, emociones y deseos que tienen la misma frecuencia vibratoria que el disfrute, de manera tal que cuando aparezcan aquellos que nos perturban, podamos reemplazarlos y buscar los que nos hacen bien.
   Ejemplo: Voy a evocar nuevamente a Pilar. Ella se había ido de vacaciones, y el lugar, la gente, todo constituía el contexto perfecto para el disfrute, pero sus pensamientos (vibraciones) no estaban en la misma frecuencia del contexto exterior. Eso fue lo que dio como resultado que no se percatara de un hombre que estuvo cerca suyo el primer día mirándola todo el tiempo, pero como ella estaba tan preocupada con el celular, su jefe, sus padres ancianos,

y la celulitis, lo que ocurrió fue que terminara sus días de descanso sola y con dolor de estómago porque le había caído mal un plato de mariscos.

Las vibraciones que emitimos deben ser de la misma frecuencia que las del disfrute.

Tal vez, si hubiera estado en la frecuencia acorde al mundo exterior, hubiera conocido a alguien interesado en ella, y aquella comida le hubiera caído como los dioses; pero sólo tal vez, ya que éstas cosas no las sabemos hasta que cambiamos nuestras frecuencias vibracionales y sentimos lo que nos ocurre alrededor.

4. **Los polos opuestos no son enemigos sino dos caras de una misma moneda.** Esto quiere decir que para poder disfrutar necesitamos aprender a encontrar lo que nos une con el afuera, en vez de lo que nos separa. El disfrute implica unidad y conexión.
   Ejemplo: Para lograr sentir unidad y conexión con todo aquello que en principio nos parece muy diferente, necesitamos aprender a soltar los juicios que nos aparecen con las primeras impresiones.

   Los polos opuestos no son enemigos sino dos caras de una misma moneda.

   Así sucedió con Patricia y Julio. Eran compañeros de trabajo, él era muy ordenado, prolijo, metódico y hasta obsesivo. Ella era bohemia, pasional, dispersa y desordenada. Cuando comenzaron a trabajar juntos, ambos sintieron que les ponían enfrente al enemigo. Ambos pensaron: "*¿Cómo voy a hacer para trabajar con este personaje?*".
   Lo interesante ocurrió cuando los mandaron por un viaje laboral a Puerto Rico, y alejados totalmente de sus oficinas

y cenando en un lugar frente al mar, descubrieron que detrás de la apariencia, había una persona muy afín, muy parecida a la propia manera de sentir la vida.
Tan así fue que al poco tiempo comenzaron a estar juntos y hoy son una pareja despareja. Sus diferencias comenzaron a ser complementos. Por eso para disfrutar, necesitamos aprender a mirar lo diferente como posibilidad de enriquecimiento en vez de una barrera que nos separa.

5. **La vida es cambio, y todo cambio tiene su propio ritmo.** Todo en la vida es cambio y movimiento permanente y estos movimientos tienen sus propios ritmos. Así como una música tiene su ritmo, los ciclos, etapas y relaciones de la vida también tienen sus propios ritmos. Aprender a observar cuál es el ritmo en el que estoy inmerso es vital, ya que para poder disfrutar, necesitamos acompañar al ritmo natural en el que estamos.
Ejemplo: Una ola de mar no podría mantenerse siempre arriba, en la cresta, ya que es su ritmo natural formarse, elevarse y luego llegar a la orilla para volver a comenzar. Los surfistas saben y conocen estos ritmos y no se pelean con la ola por haber terminado.
Esta misma actitud la debemos desarrollar con la vida, ya que si queremos forzar el disfrute...éste nos esquivará. El disfrute nunca es una imposición, es una consecuencia de haber hecho las cosas en el tiempo y la forma afines al ritmo del momento en el que estamos. Es desarrollar paciencia y comprender los tiempos de los otros, es saber que nada en la vida es eterno y cuando algo se termine...agradecer por el tiempo que estuvo. Este principio está relacionado con la

La vida es cambio, y todo cambio tiene su propio ritmo.

intuición, con aprender a percibir las señales que permanentemente el universo nos está dando.

6. **Todo efecto tiene su causa, y toda causa su efecto**. Aunque a veces no comprendamos bien cómo es que nos pasa lo que nos pasa, *el futuro es el hoy que ayer tanto te preocupaba* y que fuiste construyendo. Por esta razón es que el disfrute es el efecto producido por una predisposición nuestra que lo ha causado previamente. Esto implica que la capacidad para disfrutar siempre viene desde adentro y no de afuera como se suele creer. El estímulo externo es lo que desencadena que una persona pueda generarse el disfrute interno.
El *quid* del disfrute en este sentido consistirá en *aprender a convertirnos en causas, en vez de en efectos.*
Ejemplo: Cada vez que estés buscando cómo sentirte mejor, no sólo pienses en el lugar donde quisieras estar, o la persona con quisieras verte; también pregúntate: ¿Qué aspecto de mí necesito desarrollar para generar disfrute a donde quiera que vaya?
Recuerdo cuando era un niño, y mis padres nos llevaban de paseo los fines de semana, no importaba a dónde íbamos porque lo que sabíamos era que si íbamos de paseo con mamá y papá, eso aseguraba que nos divertiríamos. Tomar un helado, andar en bicicleta, ir de camping o al parque de diversiones, ver una película...todo era bienvenido. En este ejemplo, mis padres eran *causa* de disfrute, el lugar era secundario. ¿Cómo podríamos lograr esto mismo de adultos con otros adultos? Qué mejor halago sería que los demás nos relacionaran con disfrute, no por lo que hagamos sino por quienes somos.

Todo efecto tiene su causa, y toda causa su efecto.

7. **Cada persona debe desplegar los principios masculinos y femeninos que lleva dentro de sí.** Esto no se refiere a lo sexual sino a las energías que todos los seres humanos tenemos y que se resumen en lo masculino como la parte activa, consciente, voluntarias, la que opina, lucha y estimula. Y lo femenino como la parte más tranquila, suave, inconsciente, intuitiva; la que recibe impresiones y concilia.
Estos principios han sido llamados también como ying y yang, lo positivo y negativo, el sol y la luna; es decir, en todas las manifestaciones de vida en el planeta estas dos energías son necesarias no solamente para formar vida sino para disfrutarla. Y si nos cuesta desplegar algunas de estas facetas en nuestra vida, nuestra capacidad de disfrute no será total, y se convertirá en un disfrute pequeño, de corto alcance.
Ejemplo: Aquí es donde los prejuicios que tenemos sobre nosotros mismos pueden ser nuestros mayores enemigos, ya que todos, absolutamente todos los seres humanos, tenemos en potencia ambas energías en nuestro ser. Si hemos exacerbado un solo aspecto es simplemente porque así lo aprendimos para sobrevivir, pero el otro aspecto sigue aún dentro nuestro. Eso significa que cuanto más desarrollado tengamos ambos aspectos, mayores posibilidades de disfrutar tendremos. Es como si un pintor tuviera en su paleta solamente un color para pintar su cuadro. Cuantos más colores, más posibilidades de combinaciones existirán. Hoy en día se está pidiendo cada vez más en las búsquedas laborales en empresas a personas *flexibles*, y que puedan adaptarse a cambios y equipos.

Cada persona debe desplegar los principios masculinos y femeninos que lleva dentro de sí.

Esto significa tener a flor de piel tanto nuestros principios masculinos como femeninos.
Es decir si tengo un equipo de gente a cargo, desarrollar mis aspectos femeninos tendrá relación con aprender a escuchar, conciliar, generar buen clima de trabajo, etc. Y mis aspectos masculinos se referirán a ser proactivo, tomar decisiones con rapidez, poner límites, ser ejecutivo y resolutivo al actuar bajo presión, etc.
Por lo tanto, es hora de unir ambos mundos internos y dejar de resistirse a las posibilidades futuras.

Estos siete principios que conforman la ley del disfrute son tan inmensos y fundamentales como sutiles y delicados. Requieren de ti que te relaciones con el mundo como si éste fuera un bebé recién nacido: con suavidad, dedicación, paciencia, compasión y sobre todo amor.

"EL DISFRUTE DE LA LEY"

> *"Asentir al destino es unir mi voluntad con la voluntad divina o superior. Asentir es dejarme ir ante esa voluntad que dice para dónde están yendo los hilos."*
>
> Bert Hellinger

Hemos comprendido los principios que rigen la ley del disfrute; ahora veremos *cómo disfrutar de las leyes*, esto es, cómo aprender a disfrutar de aquellos espacios donde hay reglas pre-establecidas, y más allá de que estemos de acuerdo o no con ellas en un principio, necesitamos respetarlas para poder avanzar en la dirección de nuestros objetivos.

Existe el dicho popular: "*Las reglas se han inventado para ser quebradas*", también existe el refrán que dice: "*Donde fueres haz lo que vieres*", y para completar la paradoja, existe otro dicho que enuncia lo siguiente: "*Para aprender necesito dar autoridad*". ¿Cómo se conjugan estas ideas aparentemente opuestas y contradictorias?

Cualquier trabajo o profesión requiere realizar actividades que no nos gusten demasiado o en algunos casos directamente que nos disgusten. Por ejemplo, para mí viajar largas horas en avión y especialmente las eternas esperas en los aeropuertos me resulta agotador. Sin embargo sé que es el *peaje* para acceder a todo lo otro que me apasiona: trabajar con las emociones de personas tan diferentes en culturas diversas.

Para poder disfrutar de algunas reglas que nos disgustan y que no podemos evitar, necesitamos dejar de pelearnos con lo establecido y poner la energía en algo más creativo y productivo. Por ejemplo, en vez de estar refunfuñando en los aeropuertos o aviones, lo que hago en esos tiempos de espera es escribir y meditar, actividades ambas que me gustan y requieren de mí estar tranquilo y con tiempo.

Toda persona que ha logrado sus sueños tiene en claro que existen y existirán momentos donde no disfrutará plenamente de algunas actividades, pero que son necesarias para acceder al pleno disfrute de lo que viene después.

Ejemplos de este tipo de actividades pueden ser:

- Deportistas, bailarines o cantantes que entrenan largas horas previas a salir al ruedo (un partido, una obra, un recital).
- Empresarios que dedican mucho tiempo a diseñar y preparar una presentación multimedia en sus computadoras, buscando información y archivos quedándose hasta altas horas de la noche en sus oficinas para finalmente presentar a los inversionistas el proyecto de sus sueños.
- Empleados de una empresa que dedican semanas y meses a demostrar sus habilidades a su jefe para lograr obtener ese ascenso o confianza que les posibilitará dedicarse a las tareas que siempre desearon.

El problema para disfrutar de las leyes comienza cuando la actividad que realizo cotidianamente ya de por sí no me gusta, entonces todo lo que viene después de eso también será desagradable. Desde ese espacio, las reglas serán vistas como imposiciones que no elijes en vez de requisitos como trampolín para hacer lo que amas.

Por lo tanto el disfrute de las leyes no depende de las leyes en sí sino de que AMES LO QUE HAGAS y HAGAS LO QUE AMES. De lo contrario, todo será visto como imposiciones y la vida se transformará en un castigo.

Para que puedas comenzar a disfrutar de las leyes que existen en tu actividad y que son importantes realizar, van las siguientes preguntas orientadoras:

- ¿Amo lo que hago y hago lo que amo? (Si la respuesta es *NO* van estas otras preguntas): ¿Dónde aprendiste que no es posible trabajar en lo que te gusta? ¿Qué necesitas para comenzar un camino donde disfrutes tu trabajo?
- ¿Cuáles son las tareas en tu trabajo que más te molestan? (haz una lista de todas ellas).
- Si cada una de las tareas molestas que acabas de enunciar tuvieran otra cara de la moneda, ¿Cuáles serían? (ejemplo: viajar largas horas en aviones y esperar en aeropuertos era una actividad que me cansaba, y encontrar que esos tiempos los podía aprovechar para escribir y meditar, me hizo encontrar la otra cara de la moneda).
- ¿Cuáles son los beneficios que obtengo por realizar cada una de esas actividades molestas?
- Por último, ¿qué persona cercana a tu círculo encuentra con facilidad la otra cara de la moneda? ¿Cómo podrías inspirarte en ella para lograr lo mismo?

Recuerda lo siguiente: cuanto más grande sea tu sueño y más desafiantes los objetivos a alcanzar, mayores reglas y leyes encontrarás. No siempre lo más sabio será aceptarlas, a veces es muy bueno cuestionarlas y crear nuevas, pero en los casos donde eso no sea posible, poder ser flexible como un junco en el agua será vital.

Que a partir de hoy las leyes, reglamentos y estructuras que aparezcan en tu camino no sean obstáculos sino estímulos para crecer.

Vamos ahora a conocer cómo se desarrolla el disfrute en los diferentes ámbitos de la vida.

EL DISFRUTE EN LOS DIFERENTES ÁMBITOS DE LA VIDA

"Los refranes no significan nada si no se encarnan en hábitos."
Khalil Gibrán

Como expresa esta frase de Khalil Gibrán, es mi intención que, al leer lo que sigue, puedas motivarte a encarnar los cambios necesarios para que el disfrute se torne en un hábito cotidiano.

Existen por lo menos 5 grandes ámbitos de la vida que son imprescindibles a tener en cuenta para crear disfrute. Estos ámbitos son:

1. El disfrute del SEXO
2. El disfrute del TRABAJO y del DINERO
3. El disfrute de la PAREJA
4. El disfrute de la FAMILIA y LOS AMIGOS
5. El disfrute de la SALUD.

Vamos a comprender juntos cómo es que los diferentes ámbitos tienen un enorme poder en nuestra capacidad de disfrutar de la vida, y por qué es importante atenderlos a cada uno. No nos alcanza con sentirnos bien en un ámbito, el desafío es ir conquistando el disfrute en todos.

Te invito a que los vayas leyendo, sin ir directamente al que sientes más necesidad de aprender a disfrutarlo, ya que todos los ámbitos están siempre interrelacionados.

1. El disfrute del SEXO

> *"Cuando te hago el amor siento que me voy al cielo disfrutando de cada vuelo y hasta creo que puedo saludar a Dios.*
> *Cuando te hago el amor me parece que comprendo lo que vivo y lo que siento..."*
>
> Alejandro Lerner

Antes que nada, quiero contarte que no es mi intención disertar sobre el rol sociológico o psicológico de la sexualidad en el ser humano (eso resultaría un poco aburrido para el niño interno disfrutador), sino más bien iniciar un camino de comprensión de algo tan maravilloso y tantas veces censurado como el sexo.

Advierto que las próximas líneas podrían molestar la sensibilidad de algún lector que esté esperando encontrarse con una línea de pensamiento donde se asocia lo sexual con algún mandato, precepto o religión en particular.

Si hay algo que caracteriza al disfrute de la sexualidad es su práctica libre y creativa. El sexo, para que sea placentero, necesita de la entrega al mundo sensorial, donde las creencias y el mundo mental quedan en otro plano al momento del encuentro.

Los diccionarios denominan como *placer* a aquello que a cada uno le satisface más y lo hace sentir en plenitud.

Yo le agregaría que si el placer implica el malestar de otra persona, entonces ya entramos en el daño ajeno, cuando a mi entender el placer y el disfrute surgen del encuentro entre personas que se eligen para gozar a sus formas, con consentimiento de ambas partes. A mi juicio, ése es el límite y el espectro sano del disfrute.

Por eso el foco estará puesto en las múltiples maneras que el ser humano puede gozar del sexo. Más allá que estés de acuerdo o no, lo compartas o no, esté alineado con tus creencias o no, la sexualidad en sí misma carece de encuadres y restricciones.

Somos las personas quienes le ponemos los juicios de: bueno, malo, sucio, delicioso, pecado, bendición, temor, amor...

Cada vez que decimos "el sexo es..." y le agregamos el adjetivo calificativo que nos aparezca, esas palabras que pronunciamos nos pertenecen pura y exclusivamente a nosotros y no al sexo en sí.

Lo más importante en esto es que para lograr un pleno disfrute de la sexualidad, el paso fundamental será la práctica (como en todo aprendizaje).

Ojalá que después de leer este capítulo, tu cuerpo entero te hable (y lo escuches) para darle ese regalo de placer que se merece, en la forma que te haga sentir motivado, cuidado, pleno y feliz.

En la sexualidad se pone en evidencia la enorme diversidad de las personas, los gustos, preferencias y elecciones que hacemos y que nos hacen vivirla de maneras tan diferentes.

A esta altura, y viviendo en este mundo, me imagino que estarás consciente de que tu ejercicio de la sexualidad no es ni el único ni el correcto, es el tuyo, y como tal, válido y maravilloso.

Si esto que lees te molesta, deseo de corazón que puedas trascender esa emoción ya que nada de lo que escribo está hecho para provocarte ni hacerte sentir mal.

Ahora, si de todos modos aparece ese malestar, lamento decirte que tiene que ver contigo y con los límites de tu visión del sexo.

Todos los seres humanos, absolutamente todos, detrás de sus maneras de tener sexo, buscamos aceptación, amor, placer, reconocimiento. Incluso aquellos que utilizan el sexo para dañar a otros, han aprendido una forma errónea de expresar y canalizar el amor.

El momento del orgasmo, tanto para mujeres como para hombres, es el único momento donde todos nos conectamos con una sensación de entrega, con una energía de unidad y placer extremo, que en términos puramente físicos es lo que más se asemeja al amor: entrega, unidad, placer.

No importa la clase socio-cultural-económica que tengamos, ni la raza o credo que profesemos, estamos TODO UNIDOS POR EL MISMO PLACER que Dios (o como lo quieras llamar) nos regaló.

Éste es el espacio donde todos coincidimos, ahora vayamos a comprender las diferencias.

Heterosexual, homosexual, bisexual, transexual...lo maravilloso es que todos terminan igual: SEXUAL.

Si eres heterosexual cuentas con el beneficio de la aceptación a priori de la cultura a la que perteneces, si eres bi, homo o trans, se te agrega la diferencia de la no aceptación inicial, con el siguiente manejo de tu expresión más oculto, al menos en un comienzo.

De todos modos, a través de los años de trabajo con el alma de las personas, he observado que las dificultades y problemáticas sexuales no son un privilegio de unos en especial sino de todos aquellos que, más allá de su orientación sexual, no están pudiendo disfrutar plenamente de su sexualidad.

Chicos jóvenes que no se animan a declararse a la chica que les gusta o viceversa, mujeres que quisieran decir que sí a la propuesta de él en la primera cita pero dicen que no para que no las tomen como a *una cualquiera*, matrimonios que dejaron de tener sexo hace tiempo y no pueden hablar del tema o se resignaron, hombres que no se atreven a pedir más cosas a sus mujeres y lo hacen fuera de la pareja, hombres que están con otro hombre y no lo dicen a sus seres queridos o éstos los rechazan, lo mismo entre mujeres.

Parejas con amantes ocultos, parejas con amantes reconocidos, tríos consensuados, eternos solitarios que no pueden sostener una pareja, eyaculadores precoces, frígidas, impotentes, aquellos incapaces de acariciar y ser tiernos en el acto sexual, los que sólo quieren sexo, aquellos que sin amor no lo quieren, los voyeuristas, los que tienen sexo tántrico, los que se disfrazan, la pareja muy tradicional (él arriba, ella abajo y todo esto que está leyendo le resulta horroroso), los que viven probando nuevas posturas, los que se cuidan sólo con el período porque el resto es pecado, los que no quieren usar preservativo porque dicen que les quita sensibilidad o no se les para, las parejas que tienen un hijo por año, las que no quieren tener hijos, las que no pueden tener hijos, los que no paran de hablar mientras lo hacen, los que no pronuncian ni "*ah*", las parejas que se llevan 15, 20, 30 años de diferencia, los separados, divorciados y vueltos a casar varias veces, los que siguen enamorados después de 40 años juntos, los que se ríen mientras tienen sexo, los que se ponen muy serios, los que les gusta ser mirados, los que buscan lugares públicos, los que son muy celosos de su privacidad.

Quienes viven pendientes del tamaño, quienes se hacen muchas cirugías para verse más jóvenes, los que tienen hiv o sida, los que no saben que lo tienen, los que se cuidan y cuidan a los otros, los inconscientes. Los que quisieran tener más o menos de aquí y de allá, los que tienen un cuerpo perfecto pero no se lo creen, los que se la creen demasiado con imperfecciones incluidas...

Podría continuar agregando más y más ejemplos y formas de manifestar el sexo. Quien diga que no se identificó aunque sea con alguna de estas situaciones, se ha ganado el premio al "Negador / a del Año".

Ahora bien, ¿cómo hacer para que, a partir de hoy, puedas comenzar a gozar aún más plenamente de tu sexualidad?

No te voy a dar LA respuesta, no podría ya que como habrás leído, las opciones son infinitas, y cómo las vive cada uno hace que los caminos a explorar también sean muchos.

Pero creo que existen preguntas que pueden ser más valiosas que cualquier consejo: Aquí van algunas que se desprenden de la anterior:

- Ese mayor disfrute sexual que quisieras tener, ¿qué impide que se pueda llevar a cabo ahora?
- ¿Es una creencia? (por ejemplo "eso no se hace", o "mi religión me lo prohíbe", o "me da vergüenza").
- ¿Es una dificultad física, un síntoma? (por ejemplo "no puedo gozar y llegar al clímax", o "quisiera poder mantenerme más tiempo haciendo el amor antes del orgasmo").
- ¿Implica cambios mucho más grandes a otros niveles? (por ejemplo "me quiero separar pero no puedo sostenerme económicamente por mi cuenta" o "no puedo aceptar la idea de que los demás sepan que soy lesbiana o gay").

La respuesta que te aparezca con cada pregunta te va a llevar a nuevas preguntas y búsquedas y eso es lo más valioso.

Recuerda que decidirse por el camino del disfrute requiere de coraje y pasión. Esto no significa no tener miedo, sino por el contrario animarse a hacer en presencia del miedo.

Puede que decidas buscar un terapeuta, un sexólogo, o animarte a conversar con la persona involucrada.

Espero sinceramente que puedas reconectarte con tu mayor poder personal, y que el sexo sea ni más ni menos que la manifestación de tu alma desplegada, apasionada y plena con la vida.

Ejemplos de disfrutadores del sexo:

En esta sección encontrarás breves referencias a personas que han logrado encontrar el disfrute sexual que buscaban.

MARTHA era una mujer de cincuenta y tantos años, regordeta y simpática, que había estado casada con su marido desde los veintidós años. Tuvo tres hijos, y una vida sexual insatisfactoria, ya que nunca había podido llegar al orgasmo. Luego de ver a varios médicos había llegado a la conclusión que era frígida. Ella creía que era algo de su biología, una *falla* con la que había nacido, así que se acostumbró a fingir que gozaba cada vez que tenía sexo con su marido. Hasta que, luego de separarse, conoció a Erasmo, un hombre con el que se permitió ser más libre, jugar y comprobar que podía gozar de unos estupendos orgasmos múltiples. La limitación no estaba en ella ni en su ex marido, sino en la relación que creaban ambos. En la actualidad sigue en pareja con Erasmo y están aprendiendo técnicas del sexo tántrico.

JUAN es un hombre de treinta y cinco años, periodista televisivo, famoso no solo por su profesión sino también por su seducción y buena presencia. Su identidad pública es la de una persona elegante y formal. Sin embargo, en su intimidad es un adicto al sexo compulsivo. No podía estar en pareja porque al poco tiempo se cansaba de estar con una sola mujer. No había conocido el amor y pasaba por un momento de su vida donde se estaba replanteando sus formas de ser, cuando apareció en escena Elizabeth. Ella es una actriz muy desenfadada que también venía de historias de pareja bastante tormentosas cuando se conocieron en una entrevista. Comenzaron con lo que ambos conocían muy bien: sexo en la cama, el auto, el ascensor... hasta que los dos sintieron que disfrutaban tanto o más las conversaciones que seguían al acto sexual. Comenzaron a descubrir el placer de hacer el amor y actualmente llevan más de dos años juntos, lo cual para ambos es un record.

FLORENCIA es una mujer con muchos más años de los que parece, pero no porque se haya hecho una cirugía o se haya inyectado bótox, sino porque nunca ha sido tocada íntimamente por un hombre. Su rígida educación religiosa le ha impedido escuchar lo que su corazón y su cuerpo le pedían, ya que siempre se imponía la creencia antes que la necesidad.

Pero cerca de los cuarenta, y ante la urgencia biológica de tener hijos y formar una familia, con el fallecimiento de su madre, quien representaba sus prohibiciones adquiridas, decidió comenzar a probar. Al principio no le resultaba fácil, pero en un grupo de teatro fueron apareciendo las personas indicadas para satisfacer sus impulsos reprimidos por tanto tiempo. En el lapso de dos años descubrió el placer de abandonarse en el encuentro con un hombre, y hasta se permitió la fantasía de un trío. En un viaje de descanso a Italia quedó embarazada de un artista francés.

Hoy no está en pareja ni vive con él, pero disfruta de su hermoso hijo, con quien viaja a Milán frecuentemente.

Si formaras parte de estos ejemplos...
¿Cuál sería tu historia sexual?

2. El disfrute del TRABAJO y del DINERO

> *"Que no me pierda en la tarde, que no me duerma vencido, que no me pierda en el aire cansado de respirar...."*
>
> Diego Torres

¿En que momento de la historia de los seres humanos comenzó lo que hoy conocemos como *trabajo*, es decir, realizar una actividad a cambio de dinero u otro bien de intercambio?

Para comprenderlo mejor, haremos un **Breve Viaje Por La Historia Del Trabajo**. Deseo advertirte que esta *breve historia* no es un resumen de carácter científico ni tiene el objeto de discutir sobre la rigurosidad y precisión de los hechos históricos, sino que les cuento esta breve historia más bien a efectos de comprender un poco más sobre cómo es que actualmente trabajamos de la manera en que lo hacemos.

En los comienzos, el planeta se fue poblando de seres vivos (plantas y animales), y con el correr del tiempo uno de esos seres vivos (el ser humano) se impuso ante los demás.

Al principio, en la era prehistórica, los hombres (genéricamente hablando) vivían en los árboles y eran nómades. Un día comenzaron a intervenir en la naturaleza para tomar de ella lo que necesitaban. En esa búsqueda de satisfacer sus necesidades, el hombre creó la *herramienta*; de esa forma se daba comienzo al trabajo manual para la obtención de los recursos. El hombre tomaba lo existente (piedras, troncos, ramas, huesos, etc) y a través de su creatividad lo transformaba en algo nuevo: cuchillos, casas, barcas, etc.

Luego de las primeras herramientas, el hombre creará el arado y la azada, dando lugar al comienzo de lo que después se transformaría en la agricultura.

Alrededor de 3500 años antes de Cristo, se crea la rueda y con ella la posibilidad de transportar y "comerciar", con lo que se abre la economía de trueque; es decir que hasta ese momento las personas trabajaban solamente para satisfacer sus necesidades de comida y refugio.

Con la economía de trueque los seres humanos comenzamos no sólo a trabajar por comida y refugio, sino que comenzamos a sofisticar nuestras necesidades y búsquedas, entonces se intercambiaban alimentos, herramientas, objetos decorativos, animales, pieles, servicios... y se mantiene esta manera de comerciar hasta la aparición de la moneda.

En aquella época, los humanos comprendieron que era bueno y útil trabajar en conjunto ya que se ahorraba esfuerzo y se producía más y mejor. Entonces comenzaron a dividirse el trabajo según sus capacidades, según la edad, el sexo y la fuerza.

Por entonces los hombres vivían congregados en grandes familias, y a medida que van creciendo, se van uniendo muchas familias entre sí formando tribus.

Con la organización en tribus comienza a complejizarse la convivencia (y digo complejizarse en referencia a algo complejo y no complicado) dado que la sociedad de iguales comienza a transformarse en una sociedad de clases dividida en jefes y súbditos.

Ya 3000 años antes de Cristo aproximadamente, en lo que se conoce como la Edad Antigua (o la Historia es decir fin de la pre-historia) aparecen los primeros escritos con caracteres ideográficos (algunos dicen que incluso antes, en el Lejano Oriente). Pero la escritura alfabética aparece 800 años a.c. en Grecia.

Las primeras monedas acuñadas con carácter oficial aparecen en el siglo VI a.C. Con la aparición institucionalizada de la moneda se instala entonces el paradigma de trabajar a cambio de dinero.

En el siglo VIII d.C. ya en la Edad Media surge el feudalismo, cuya característica principal consistía en que el campesino trabajaba para un señor feudal que lo protegía en caso de guerra y a su vez el señor feudal jura ante el rey ayudar en defensa del territorio en caso de invasión. Los *señores* o *nobles* eran los dueños de las tierras, y cuantas mas tierra poseían mas ricos eran, pero no la tierra sola sino la tierra trabajada por los campesinos que pertenecían a ella. Lo que la valorizaba entonces era el trabajo de esos campesinos.

En esta época comienza a asentarse y crecer cada vez más la desigualdad económica entre las personas.

A finales de la Edad Media los asentamientos urbanos crecen cada vez más, manejados por la nobleza.

El tiempo sigue avanzando, y en el siglo XV comienza la Edad Moderna, que se caracteriza por la invención de la imprenta, la integración de Oriente y Occidente, entre tantas otras. En Europa aparece el *mercantilismo*, en el que cobra importancia la figura del *Estado* que es el que ejerce el control sobre lo que se produce y comercia; y aparecen los primeros bancos modernos en Suecia e Inglaterra.

En el período comprendido entre la segunda mitad del siglo XVIII y principios del XIX surge uno de los acontecimientos más influyentes que modificó la historia del trabajo para siempre: la Revolución Industrial, donde El Reino Unido primero y el resto de Europa continental después reemplazan el trabajo manual por el trabajo mecánico, a través de la invención de la máquina de vapor y una potente máquina relacionada con la industria textil. Estas máquinas favorecieron enormes incrementos en la capacidad de producción, desarrollo del proceso de hierro, mejora de rutas de transporte y posteriormente el nacimiento del ferrocarril. A su vez generó condiciones de trabajo muy desiguales y por esa razón aparecieron las asociaciones hoy conocidas como sindicatos, para mejorar las condiciones económicas y sociales de los trabajadores.

La industrialización promovió aumentos significativos de producción y mejoras en el nivel de vida de muchas personas. También generó grandes diferencias entre países (la aparición de lo que luego se llamaría al *tercer mundo* o *países subdesarrollados*) y la contaminación de la naturaleza.

A partir de la Revolución Francesa en 1789, finaliza la Era Moderna y comenzamos la Era Contemporánea, que es la que llega hasta nuestros días.

Esta época, como todos sabemos, está caracterizada por el marcado avance tecnológico en todos los ámbitos de la vida, por las mayores guerras conocidas en la historia de la humanidad y también por el floreciente interés de los seres humanos de comenzar a buscar, a la par de tantas guerras, una nueva forma de vivir mas pacífica, amable y disfrutable.

Ahora que echamos un vistazo al pasado, volvamos a nuestro presente, sobre todo porque lo que nos inquieta es nuestro futuro.

Para comenzar nos podemos preguntar lo siguiente:

¿Cómo es que para tantas personas el trabajo no es satisfactorio y se ha convertido en una carga donde el proceso en sí no interesa sino solamente el resultado final que es cobrar el dinero?

Por supuesto que no todo el mundo padece su trabajo, y creo que cada vez hay más personas que han tomado la decisión de *pasarla bien* en su trabajo.

Aquí aparece entonces otro tema apasionante que es el de los DONES que cada uno tiene en la vida, y cómo aprender a desplegarlos en un trabajo donde nos paguen por ello.

Dicho en cuatro palabras: DONES+TRABAJO+DINERO =MISIÓN.

La misión en la vida no tienen nada que ver con esos cuadritos colgados en una empresa; la misión personal en acción consiste primero y principal en ir en busca de mis dones, mis capacidades y mis fortalezas. Luego buscar y generar los espacios para desplegar esos dones (esto sería el trabajo en sí mismo). Y finalmente aparecerá el dinero como *consecuencia* de estar haciendo lo que nos gusta y sabemos hacer.

Si tienes dificultades o problemas con el dinero, es muy probable que haya detrás dificultades con el reconocimiento, tanto a ti mismo /a como hacia los demás. Si te cuesta generar dinero, o gastas más de lo que ganas, o vives ostentando, o tiñes tus relaciones con el manejo del dinero... pues entonces hay allí algo aprendido con el reconocimiento que no te está permitiendo ir un paso más allá.

¿Qué es sino el dinero? ***El dinero es energía de reconocimiento.***

El reconocimiento principal comienza primordialmente con los padres, y luego continúa con las relaciones cercanas: pareja, jefe, hermanos, amigos, hijos.

Pero básicamente, para disfrutar la relación con el dinero, necesitamos comenzar por reconocer en nosotros lo que somos y lo que quisiéramos ser.

Si tuviste padres que no te reconocieron lo suficiente, y ellos no han sido para ti un referente de *éxito*, es posible que inicialmente te cueste más el manejo fluido del dinero, o tal vez, justamente por hacer todo lo contrario, te hayas enfocado en *hacerte rico*, como el factor principal. Y el dinero nunca es lo principal, siempre es una consecuencia de otras acciones, por eso lo llamamos un bien de intercambio.

Lo interesante es que nuestra relación actual con el dinero, lo que pensemos y sintamos con respecto a él (que es sucio, maravilloso, corrupto, divino, etc, etc.) guarda relación con lo aprendido en el pasado. Por lo tanto la buena noticia es que... se puede cambiar!!!!!

Cuando me refiero a la relación con el dinero no estoy hablando solamente de las personas que no tienen lo suficiente o que se manejan desordenadamente; también entran los que tienen mucho dinero pero tienen cada vez más cara de perro, o son tacaños, o viven manipulando, o no saben cómo sentirse en paz y felices con tanto dinero, ya que pensaron que la cantidad venía acompañada de la calidad.

A mí me gusta mucho traer el término que inventé llamado ***dinero sanador*** para referirme a todas aquellas situaciones donde, a través del dinero hacemos sentir mejor a los otros y a nosotros. Y no necesariamente porque hagamos un regalo. El dinero sanador puede generar que las personas se acerquen, que determinadas conversaciones se produzcan, que los dones se desplieguen, que la salud florezca...

La diferencia entre el dinero que enferma y el dinero sanador es lo que produce: si en los demás y en uno mismo genera alegría, pasión, coraje, buen humor, paz, entonces es el dinero sanador, ya que está asociado a la prosperidad, y no tiene relación alguna con la cantidad, ya que un billete de poco valor monetario puede tener mucho valor como dinero sanador.

Por el contrario, cuando el dinero genera discusiones, síntomas físicos, guerras, celos, resentimientos, entonces es el dinero que enferma.

A partir de ahora puedes elegir entre relacionarte con el dinero como si fuera el sanador o el que enferma. Y eso depende de ti, no de los demás, ***es en tu actitud que se define qué tipo de dinero es el que llega a tus manos.***

Volviendo al tema del disfrute en el trabajo, ya estamos conscientes entonces que el dinero es una consecuencia de nuestro hacer, y que para disfrutar al trabajar, con enfocarnos solamente en hacer dinero no será suficiente.

Entonces, y retomando la ecuación DONES+TRABAJO+DINERO =MISIÓN, el siguiente paso importante a realizar será conectarnos con nuestros dones. Éstos son los que nos vinculan con nuestra misión en la vida, con el *para qué* vinimos a este mundo. Pero una gran parte de los seres humanos no han estado dispuestos a conectarse sincera y profundamente con lo que desearían hacer, ya que les resulta más riesgoso hacer lo que aman, jugarse por ello, equivocarse, seguir creyendo y ser exitosos, que ser uno más del montón y resignarse a trabajar en algo que no les gusta.

Formar parte de la mayoría puede ser ingrato a veces, pero es mucho más tranquilizador que ser mirado, juzgado y envidiado.

Cuando iniciamos una genuina búsqueda de trabajos gratificantes, primero necesitamos reconocer qué es *gratificante* para cada uno, y luego encaminarse hacia ello.

Existen tantos caminos posibles de disfrute o de agobio, todo depende dónde y cómo busquemos.

¿Prefiero relación de dependencia o independiente? ¿Quisiera ser independiente pero no me animo? ¿Me gusta estar empleado pero sólo en empresas pequeñas? ¿O quisiera formar parte de una multinacional? ¿Me siento demasiado joven o demasiado grande para alguna de estas opciones?

Si buscamos, encontraremos ejemplos tanto positivos como negativos en relación a estas preguntas, así que si te quedas con la interpretación que no te favorece, es tu elección que te servirá como excusa para no moverte del lugar donde te encuentras ahora mismo.

Disfrutar es una elección, como casarse, estudiar, bajar de peso o aprender inglés.

Por lo tanto cuanto más conscientemente elijamos los dones que queremos desarrollar, más claramente buscaremos los espacios donde desarrollarnos. Y los trabajos, tarde o temprano, comenzarán a “aparecer” junto con el dinero.

No estoy diciendo que sea fácil ni simple, puede ser tan difícil y complejo como vivir toda una vida trabajando en un empleo que detestas, en un primer piso, contrafrente con luz de tubo fluorescente, en el micro centro de la ciudad, viajando veinte años en el mismo subterráneo atestado de gente.

O me quedo en una comodidad ingrata o pruebo la grata incomodidad de hacer algo nuevo, diferente y más disfrutable.

A continuación te regalo unas preguntas que pueden servir como puente para crear el disfrute que te mereces en el trabajo y con el dinero. No son preguntas para leer de corrido y sin detenerse; son para reflexionar y escribir. Son preguntas para poner esa música que te gusta de fondo, y sin apuro, leerlas y responder por orden, desde tu corazón (nunca desde la mente racional). Aquí van:

1. ¿Cómo es para mí el trabajo ideal? (describe con lujo de detalles el lugar, las personas con quienes interactúas, el dinero que cobras, cómo vas vestido, el horario, etc.).

2. ¿Qué similitudes y diferencias encuentras con tu trabajo actual?
3. Si hay mucha diferencia, ¿cómo hiciste para que exista esa brecha entre lo que quieres y lo que haces?
4. ¿Qué necesitas (que dependa de ti) para acortar esa brecha? ¿Qué podrías comenzar a hacer este mes, esta semana... y hoy?
5. Con respecto al dinero, ¿cuánto crees que vale tu trabajo? (no me refiero solo a tu rol o posición sino también a lo que tú haces en él).
6. ¿Cuáles son esos deseos que quisieras cumplir sí o sí en esta vida? (una casa, un viaje, un auto, regalar algo a alguien, etc.).
7. ¿Cuánto dinero hace falta para que cumplas alguno de esos deseos?
8. ¿Cuánto tiempo necesitas para conseguir ese dinero?
9. ¿Cuánto dinero crees que será el máximo que ganarás en tu vida, y haciendo qué?

Si alguna de estas preguntas te movilizó, inquietó o te hizo reflexionar, permanece en esa pregunta, no te apures en encontrar la respuesta ahora mismo.

Cuanto más profundos son nuestros interrogantes, necesitamos más tiempo para que decanten, y las respuestas no suelen ser tan lineales. En alusión a esa frase bíblica: "*Pide y se te dará*", yo le agrego: "*Pregunta y se te responderá*".

Ejemplos de disfrutadores del trabajo y el dinero:

A continuación podrás descubrir historias de personas que han logrado encontrar el disfrute del trabajo y del manejo del dinero.

FRANCISCO es un empresario en vías de jubilación, con 62 años no siempre bien llevados. Ha trabajado toda su vida como gerente de Recursos Humanos de una multinacional, y le notificaron que en seis meses "puede optar por el retiro voluntario". Por la forma en que se lo dijeron, eso significa que si no acepta, no lo jubilan hasta que cumpla la cantidad de años correspondientes, que todavía son varios. Y él ya conoce ese juego porque lo vio en otros colegas; no aceptar la oferta significa que lo mandarán a viajar por todo el país para desgastarlo.

Por lo tanto se está haciendo la idea que estos serán sus últimos meses de trabajo, con la incertidumbre que ello implica.

Esta situación lo ha llevado a hacerse replanteos sobre el sentido de su vida y especialmente con su vocación de servicio, que siempre la sintió desde jovencito pero que nunca la escuchó porque su padre le decía que si quería hacer bien a los demás que se metiera de cura porque sino se moriría de hambre. Así fue como eligió dedicarse a los recursos humanos, creyendo que era la parte más humana dentro del mundo empresarial.

Siempre ha sido muy exitoso a los ojos de los demás, pero por dentro existía un niño insatisfecho. Esta etapa de confusión lo impulsó a querer recuperar todo ese tiempo perdido. Así fue como inició una búsqueda por el mundo de las fundaciones y ONG.

Hace ya dos años que se retiró de aquella empresa, y está colaborando con dos fundaciones: una que trabaja en la inserción laboral de discapacitados, y otra que se centra en la protección del medio ambiente.

En ambas desarrolla tareas relacionadas con la vinculación de personas y organizaciones que tienen un mismo interés: ayudar y mejorar la calidad de vida, pero que no se conocen entre sí.

Cada mañana cuando se levanta sigue todavía apurándose para ir al baño creído que tiene que salir hacia la oficina en 30 minutos. Pero enseguida le aparece la sonrisa cuando sabe que ya no se trata de marcar tarjeta sino de plasmar ideas y sueños en realidades.

"Casualmente", desde que está tan entusiasmado con lo que hace, ya no le duele la cabeza como le sucedía años atrás. Ha recuperado esa pasión que tenía cuando era un joven de 20 años.

JULIA era una joven mujer recién casada, criada para ser una excelente madre, esposa y amante. Su infancia transcurrió sin impedimentos económicos de ningún tipo, pero su actual marido es un maestro de escuela por vocación y su familia de origen ya no tiene el dinero de entonces. Ella se sentía perdida y desorganizada con el dinero, ya que estaba acostumbrada a gastar sin pensar. Su trabajo como profesional independiente no llegaba a cubrir sus gastos. El dinero se le iba de las manos, siempre consumía más de lo que su bolsillo le permitía, ocasionándole graves discusiones con su marido. Ella sabía que debía cambiar su manejo del dinero pero no sabía cómo.

Hasta que llegó la pequeña Agustina al hogar, y en vez de traer un pan bajo el brazo trajo conciencia, lo que es mucho más productivo aún. La situación se simplificó: si gastaba de más su hija no comía. Al principio aprendió a fuerza de sacrificio y privación, pero con el tiempo apareció algo maravilloso: descubrió lo mucho que podía gozar necesitando poco. Eso le permitió ahorrar y darse sus gustos, ya no compulsivamente. Actualmente Agustina tiene 10 años, Julia tiene su propia empresa y el dinero, en vez de ser un tedioso fin en sí mismo, es una plácida consecuencia por lo que hace.

Si formaras parte de estos ejemplos... ¿Cuál sería tu historia laboral y financiera?

3. El disfrute de la PAREJA

"Pero hagamos un trato, yo quisiera contar con vos, es tan lindo saber que existes, uno se siente vivo..."
Mario Benedetti

Escribir sobre el disfrute en la pareja es como sentarse a escribir una canción de amor. Hay tanto dicho, tantos consejos y lugares comunes, tanto...y sin embargo, mujeres y hombres seguimos buscando cómo mejorar nuestras relaciones de pareja o cómo encontrarla, de la misma manera en que seguimos escuchando nuevas y antiguas canciones de amor.

Como suele ser mi estilo al escribir, no me interesa que después de leer este capítulo encuentres "la" manera para disfrutar de una pareja sino que juntos podamos acceder a formas de ver, comprender y construir una relación de pareja diferente a la que tuvimos hasta ahora. Y al decir *diferente*, no me refiero necesariamente a cambiar de pareja y estar con otra persona distinta, sino a mejorar y cambiar la forma de la relación.

De lo contrario, lo que podrá suceder es que cambies una y otra vez de mujeres u hombres, pero al no cambiar la propia manera aprendida, continuarás repitiendo el mismo tipo de relación con cada persona nueva.

Para comenzar, necesito hacerlo por aquello que me parece fundamental, por lo que motiva y justifica que una relación de pareja surja y se mantenga. ¿Qué es eso?...muy simple: ¡el Amor!

¿Habías pensado en otra cosa? Mmmm... si es así, entonces será bueno que leas lo que sigue, y si te respondiste "*el amor!*" con cara de *obvio*, entonces lo que leas tal vez te sirva para reconfirmar y accionar en esa dirección.

¿Para qué nos ponemos de novio, en pareja, convivimos o nos casamos? Es el llamado natural de nuestro corazón, cuerpo, y alma que desea unirse a alguien que nos atrae para compartir parte de nuestra vida y ser *compañeros de caminos, pares*.

Pero... ¿qué pasa cuando desde el comienzo no es el amor el motor principal de la relación? Puede ser no querer estar solos, la necesidad de casarse porque *tengo 35 años y me quedan pocos años para tener hijos*, salir corriendo con él o ella para escapar de la casa de los padres, juntarse porque es más fácil sostenerse económicamente, casarse porque quedamos embarazados, porque los respectivos padres así lo decidieron, porque *nos conviene para nuestra profesión*, porque *nos da status social, artístico, empresarial*, etc, etc.

Ante una relación sin amor, pueden abrirse dos grandes caminos: o la relación dura poco tiempo, o se sostiene a unos costos demasiado altos. Pero, atención: no hay precio que pague la pérdida de la libertad para elegir con quien deseo estar por amor.

Si estás o estuviste en pareja por alguna de las razones mencionadas (u otra que no aparece aquí pero definitivamente no es el amor), lamento decirte que esa pareja, si aún continúa, está destinada al sufrimiento (que es lo opuesto al disfrute).

Si ponemos otras cosas por encima del amor y la libertad, entonces no comprendimos nada de qué va la vida. Nos la llevaremos previa para la próxima.

Pero como somos humanos y nos caemos varias veces en el camino, lo bueno es que siempre nos podemos levantar y *volver a empezar*.

Para quienes quieren, desean y necesitan recomenzar, van dedicadas las próximas líneas.

Si estás buscando comenzar de nuevo, ya sea tanto con una nueva persona o con la misma, es porque hay algo que cambió en ti, algo que antes no estaba tan presente o no lo sentías tanto como ahora.

Eso significa que si has hecho cambios internos, y estás en pareja, necesitas estar conciente que el otro o la otra no tiene porqué cambiar como tú, o incluso que sus tiempos y formas no sean los tuyos. Y lo mismo a la inversa, si quien cambió es tu pareja y tú te sientes desorientada /o.

De hecho no conozco una sola pareja cuyos integrantes hayan tenido los mismos tiempos de cambio y crecimiento.

Por eso es el amor lo que podrá sostener los cimbronazos cuando las cosas comiencen a cambiar. Y es esperable que así suceda, ya lo dijo Confucio en el siglo 500 a.C.: "***Lo único que permanece es el cambio***".

Existen dos caminos de inquietudes en el mundo de las parejas:

1. Si estoy en pareja, cómo disfrutarla.
2. Si no estoy en pareja, cómo estarlo para disfrutarla.

1. **Si estás en pareja**, cuáles son las posibles causas más comunes (dentro de la infinidad que existen), que generan cortocircuitos en la pareja:
   A. El sexo y la pasión.
   B. Los hijos.
   C. El dinero y el trabajo.
   D. La rutina.
   E. La necesidad de soledad y silencio.
   F. Las conversaciones (sinceridad vs. *sincericidio*).

Podríamos agregar muchísimas causas más, pero elegí estas seis porque son las que observo, escucho y experimento con mayor frecuencia. Veamos cada una de ellas para comprenderlas mejor.

A. **El sexo y la pasión:** Como ya estuve refiriéndome al disfrute del sexo en general, ahora simplemente voy a hacer referencia al hecho de que el sexo y la pasión de los primeros tiempos en una pareja, son únicos en relación a que se caracteriza por el enamoramiento y el descubrimiento mutuo.
Y es natural que en algún momento esta etapa finalice y comiencen otras. No estoy diciendo que se tenga que terminar la pasión sino que necesitamos aprender a disfrutar de las siguientes etapas de una forma diferente a la anterior. Aquí es donde entra la creatividad, la libertad, el amor y la decisión de los integrantes de la pareja.

B. **Los hijos:** En algún momento de la vida en pareja, los hijos pueden ser un factor de conflicto. Ya sea porque se los pone en el medio de un problema de la pareja o por algún inconveniente de los hijos en sí. Sea como fuere, existe algo que es necesario preservar y tener en cuenta: el espacio de la pareja nunca, jamás, por ningún motivo debe ser invadido por los hijos, ni la pareja debe inmiscuir a los hijos en ese espacio.
Ejemplos cotidianos de cuándo no se respeta esto son: hijos que duermen recurrentemente en la cama con los padres, hijos que ingresan a la habitación de los padres sin tocar la puerta o pedir permiso, padres que quieren ser "amigos" de sus hijos y les cuenten intimidades de su pareja, padres que piden ayuda y asesoramiento sobre sus dificultades maritales a sus hijos, parejas que

siempre privilegian estar con los hijos a hacer el amor, parejas que se muestran asexuadas o inexpresivas del amor entre ellos frente a sus hijos, etc, etc.

El primer paso para disfrutar de los hijos en la pareja es tener claro que si no cuidamos y alimentamos la relación de pareja primero, estaremos descuidando también la relación con los hijos. Ningún hijo prefiere que los padres se lleven mal, se peleen y los usen como bastón.

C. **El dinero y el trabajo:** El disfrute tanto del dinero como del trabajo en el ámbito de la pareja es un ítem importante a considerar en la salud de la relación.
Si ambos integrantes de la pareja trabajan en lo mismo o trabajan juntos, es importante tener en cuenta por un lado que no entre en juego la *competencia* y por el otro mantener claro (como dice Bert Hellinger) el orden del amor, lo cual significa lo siguiente: "***siempre está primero la relación amorosa y después la relación laboral***".
Si trastocamos o invertimos esta prioridad, la pareja se comienza a secar como una planta que no se la riega.
Si cada integrante de la pareja tiene su propio trabajo, cuanto más despliegue sus dones y más feliz se sienta trabajando, eso también repercutirá en la relación de pareja.
Si uno de los integrantes de la pareja no trabaja y se queda en el hogar cuidando la familia, es importante cuidar la manipulación con respecto al dinero tanto de quien provee como de quien se queda en la casa. Recordemos que conflictos de dinero, guardan relación con conflictos de reconocimiento.

D. **La rutina:** El enemigo número uno del disfrute es la rutina, no sólo en el ámbito de la pareja sino en todos los ámbitos de la vida. Pero la rutina no es necesariamente hacer todos los días lo mismo, ya que podemos

amar y disfrutar de hacer algo durante mucho tiempo. La rutina aparece cuando desaparecen las ganas de tomarnos las cosas con asombro, con ganas y entusiasmo. Para salir de la rutina necesitamos (hablando mal y pronto) *mover el culito* y comenzar a hacer lo que no nos animábamos hasta este momento.
¿Qué sería para ti aquello que podrías comenzar a hacer, que sea nuevo y diferente para salir de la monotonía con tu pareja? (si te respondes "*no sé*", es que no estás sinceramente dispuesta /o a salir de ese espacio).

E. **La necesidad de soledad y silencio:** Hay muchas parejas que creen que si él o ella necesitan estar un tiempo (horas, días) solo o sola y /o en silencio es porque "*en realidad me está siendo infiel y no me lo dice*" o porque "*ya no me quiere más*".
Esta concepción es un grave error porque si efectivamente hubiera una tercera persona o no existiera más amor, el control sobre la otra persona hará que se incremente aún más las ganas de escaparse. Pero muchísimas veces lo que mata a una pareja es ***la asfixia afectiva***, es decir, el no poder permitirse estar solos, descansando uno del otro, justamente para que luego el reencuentro vuelva a ser fresco y esperado.
Si nos cuesta estar una hora o al menos media hora por día, absolutamente solos y en silencio, entonces nuestra alma ha de estar tremendamente aturdida. Y el disfrute solo ocurre cuando primero escuchamos lo que necesitamos; y para escucharnos hace falta SILENCIO y SOLEDAD, que es sinónimo de estar en compañía de uno mismo.

F. **Las conversaciones** (sinceridad vs. sincericidio): En una pareja (como en cualquier relación) las conversaciones pueden ser el trampolín al disfrute o al infierno, precisamente porque nuestras conversaciones son un reflejo de nuestro mundo interno.

Si conversamos para *matar el silencio* y llenar de *incontinencia verbal* el aire, entonces conversar es sinónimo de agobio.

Un ejemplo típico es cuando nos creemos muy sinceros, y bajo esa postura embanderamos el decir todo lo que nos pasa por la cabeza como si eso fuera un valor. Para mí eso no es cuidar al otro, es estar sólo centrado en sí mismo, y en vez de sinceridad es *sincericidio*: vamos matando con las palabras las relaciones.

Las conversaciones sinceras que nos elevan al disfrute son las que hablan de "*lo que siento y me sucede*" en vez de "*lo que eres y deberías hacer*".

Para finalizar esta sección, les regalo esta frase: ***"Dime de qué no puedes hablar, y te diré de qué estás sufriendo".***

2. **Si no estás en pareja,** considero que existe algo esencial a tener presente (francamente esto va para todos, para quienes tienen y no tiene pareja): "*¿Quién dijo que un buen amor debe ser eterno?*"

   Sí, ya sé, todos queremos hacer perdurar lo que nos hace bien, como un gran amor. Eso lo comprendo, pero si duró menos tiempo que tu vida en la tierra... ¿por qué caratularlo como un fracaso?, ¿por qué terminar a las patadas y hablando pestes de alguien a quien amé? Si te estás diciendo: "*es que es difícil*", entonces estás confundiendo decirte en vez de "es difícil", poder sincerarte y reflexionar: "*me cuesta, no quiero o no sé como se hace*".

   Finalizar una relación como perro y gato es una trampa del ego herido, cuanto más ruido hacemos afuera (insultos, venganzas, juicios, etc) mayor dolor hay adentro. Y la trampa está en que ese dolor no se mitiga ni se sana con el odio, sólo se sana con amor. El amor por lo que fue esa persona para mí, por ser la madre o el padre de mis hijos o simplemente por los lindos momentos compartidos. Por eso quise iniciar esta sección haciendo referencia al hecho que estar sin pareja no tiene por qué ser necesariamente algo *malo*, un castigo, una dificultad (aunque a veces sí lo sea), por más que en general el entorno se incomode al ver a alguien sola /o y quiera encontrarle pareja. Esto no lo escribo para hacerte sentir bien o compadecerte, sino para agrandar nuestra mirada; comprendo que todos queremos encontrar el amor porque la vida es más bella cuando se comparte, desde un café a la mañana, la llegada cansados después del trabajo, ir al cine, un domingo para no hacer nada... compartir lo cotidiano no tiene música de fondo como en las películas pero tiene el enriquecimiento de la mirada del otro.

Como ya sabes, no te voy a decir qué tienes que hacer para conseguir ese hombre o esa mujer, no es mi estilo.

Además, y lo repetiré hasta el cansancio, las fórmulas no existen en el camino del disfrute; si existieran, ¿quién no las estaría aplicando?

Si hace mucho quisieras estar en pareja y eso no está sucediendo, tal vez haya llegado el momento para preguntarte: ***¿Qué tipo de trabajo personal no hice aún, que de hacerlo, me permitiría relacionarme con los demás de una nueva manera?***

Te invito a que permanezcas un buen tiempo con la pregunta, y después de reflexionar...a la acción!!!, ya que si continúas haciendo lo mismo que hiciste hasta ahora, seguirás obteniendo lo mismo que obtuviste hasta hoy.

Como dijo Mahatma Gandhi: "***Creer que lo que no ha sucedido, no sucederá jamás, es no creer en la dignidad del hombre***".

Ejemplos de disfrutadores de la pareja:

Te invito a conocer estas historias de personas que han logrado encontrar el disfrute de sus respectivas parejas.

VALERIA es una mujer de 35 años aproximadamente, pero es difícil saber si tiene 30 ó 50. Su corporalidad robusta, confunde la edad. Le gustan las mujeres, y se suele vestir con ropas holgadas y oscuras.

Tiene mucha fuerza, sus maneras son aparentemente toscas, habla fuerte y entrecortado; pero posee una inteligencia asombrosa, y es muy culta, aunque no lo parezca.

Es poco demostrativa de sus emociones y muy protectora de las personas que quiere. Viene de una familia de clase muy baja, y ha sido violada cuando tenía 8 años, ambas vivencias la marcaron a fuego.

Aunque de su piel para afuera pareciera una persona bruta, posee una alta sensibilidad que ha sido vulnerada.

Tiene muchos amigos, una casa de puertas abiertas, y es dueña de un restaurante en Puerto Madero.

Como sus padres no estaban de acuerdo con su sexualidad, se fue encontrando sola y se encontró perdida al punto de darse cuenta que no tenía referentes de pareja válidos. Sus padres no le representaban el modelo de pareja a seguir y sus amigas gay tampoco. Se creía destinada a vivir sin pareja por no ser heterosexual.

Como siempre ha sido una buscadora incansable, en unas sesiones de terapia grupal conoció a un grupo de amigos que se convirtieron en su familia elegida, y con los años, Lucía, la hermana de uno de sus amigos se convirtió en su pareja. No la conoció en una disco ni fue el candidato de sus padres, apareció como producto de renunciar a los modelos externos preestablecidos y encontrar el propio.

Actualmente sigue en pareja con Lucía. No es todo el tiempo feliz ni come siempre perdiz como en los cuentos de hadas, pero tiene muchísimos momentos de felicidad como cualquier mortal.

FELIPE siempre soñó con una familia numerosa, una casa, un perro y la mujer que lo esperaba al anochecer con la cena preparada.

Como fue hijo único, deseaba fervientemente el momento de enamorarse y casarse para formar su familia ideal. Y así fue, conoció a Emilia, con quien se casó y trajo al mundo su primer hijo, apenas al año de haberse conocido.

En un principio todo parecía ir de maravillas, pero con el paso de los años, los hijos que seguían llegando, más una mujer y un hombre sin una vocación definida, dio por resultado una pareja insatisfecha.

La felicidad en la pareja ya no la aportaba aquella pasión de los primeros años, ni el asombro de los primeros nacimientos ni el progreso económico.

Felipe miraba de costado por las noches a su mujer y sentía como si fuese una extraña. Se preguntaba: "*¿Cómo llegué a esta situación para sentirme así?*".

Casi a punto de divorciarse, decidieron iniciar terapia de pareja y la sorpresa de ambos fue descubrir que ninguno estaba contento con quien era, no solo la pareja sino con lo que hacían.

Con ayuda terapéutica, los siguientes años se avocaron a encontrar aquello que los motivara a levantarse a las mañanas, y cuando ambos estaban trabajando en lo que les gustaba y desplegando sus dones... su pareja reverdeció como cuando tenían veinte años. Como el centro de la vida de cada uno ya no gira en torno a la pareja sino en si mismos, tener un compañero/a para compartir la vida es una bendición.

Si formaras parte de estos ejemplos...
¿Cuál sería tu historia de pareja?

4. El disfrute de la FAMILIA y los AMIGOS

"Los hijos que de mi cuerpo faltaron, me han ido apareciendo por ahí, no siguen mi ADN ni heredaron mi nariz, pero sé que tendrán algo de mí..."
Marilina Ross

En las sociedades latinoamericanas, y bajo este título hago alusión no solo a Latinoamérica, sino también a Italia y España, el concepto de familia es mucho más que la sumatoria de padres e hijos, y eventualmente abuelos y tíos.

La familia es ese espacio del que se nace y al que se regresa durante toda la vida, aunque sea a través de recuerdos y sueños. Es un lugar de pertenencia, tanto por la atracción como por el rechazo.

Estemos en paz o en guerra con nuestros ancestros, aprendemos y crecemos siempre teniendo como punto de referencia a la familia que hemos tenido, ya sea porque queramos emularla o diferenciarnos de ella.

Muchas veces esa familia puede no haber sido el seno tradicional: mamá, papá, hermanos, abuelos y el perro, sino que en la experiencia la familia puede haber sido un abuelo, una tía, los vecinos, un jefe, una maestra, una familia sustituta, etc.

No importa quiénes hayan sido, no importa cómo, cuándo ni dónde, todos hemos tenido un núcleo de personas (o una sola persona) que fue nuestro referente, donde nos sentimos escuchados y queridos. Incluso en niños de la calle siempre hay alguien que es quien los cuida y con quien se sienten mas a gusto. Aquí aparecen dos tipos de familias (que pueden ser coincidentes o no):

1) Familia de sangre
2) Familia elegida.

1. Familia de sangre: En un plano bien terrenal, podríamos decir que ésta es la familia que "*nos tocó*", y en otro más espiritual, es la que elegimos para "*aprender y crecer*".
Los lazos sanguíneos tienen una fuerza profunda e inevitable, una ligazón que será de por vida y que se lleva en los genes, hasta en la forma de caminar, dormir y lavarse los dientes, en la manera en que emocionamos, en los ojos, la sonrisa y en la visión del futuro.
Podemos ser muy parecidos o muy diferentes a quienes nos criaron, pero su influencia es innegable. Por eso me sigue sorprendiendo que muchas personas digan que quieren cambiar, crecer, evolucionar y mejorar, pero no estén dispuestas a involucrarse internamente con sus relaciones parentales.
No importa la edad que tengas, la nacionalidad, el sexo ni la profesión que ejerzas, todo desarrollo personal honesto y comprometido necesita del trabajo profundo con los padres. Esto no significa ir a terapia con ellos, sino trabajar con los padres internos que se llevan dentro desde la niñez. Por eso es que tanto un adolescente como una persona de 70 años necesitan hacer el mismo camino de observar de dónde vengo y cómo seguir a partir de allí. Por supuesto que cuanto antes comiences, mejor. Pero si comienzas a los 70, excelente y bienvenido!!, ya que más vale despertar en vida que morir anestesiado sin haberla comprendido.
Cada vez que nos encontramos frente a frente con nuestros padres, una parte nuestra vuelve a tener cinco ó seis

años, que es la época cuando se produce el anclaje emocional más fuerte que nos ha quedado impregnado. Por eso, ya de adultos, es natural ver a hijos grandes que discuten o hacen gestos con sus padres, de un modo muy parecido al de la infancia. Crecemos muchos centímetros, nos cambia la voz, ganamos dinero, nos salen algunas canas, pero por dentro reaparecen los padres que nos hicieron llorar, reír y amar, y nos sentimos como si nuestras manos volvieran a ser pequeñitas y entraran en las de nuestros papás, que ya tienen pecas de vejez.

A los padres con los hijos les sucede exactamente lo mismo pero a la inversa, y a muchos les cuesta aceptar que un hijo sea el calco de uno de ellos (justamente con esa actitud que nunca les gustó de sí mismos) o por el contrario, que un hijo sea muy diferente, y les cueste aceptar que no haya seguido sus pasos.

En cualquier situación, la única forma posible de acercar diferencias y disfrutar del encuentro es privilegiar lo ÚNICO que importa en la familia de sangre: el AMOR. Sin amor, no hay disfrute posible de las relaciones familiares.

2. Familia elegida: A diferencia de la familia de sangre, la familia elegida es aquél círculo de relaciones que en la vida de adultos decidimos que sean las personas con quienes compartir nuestra vida cotidiana.

   Puede haber miembros de la familia de sangre pero no es requisito que así sea. De esta manera, la familia elegida puede estar conformada por un primo, un amigo del colegio, una hermana, un vecino que se transformó en un hermano elegido, la segunda mujer del padre, una compañera de la facultad, un ex jefe, etc, etc.

   La familia elegida es muchísimo más que el círculo de amigos con los que sales el sábado a la noche, es más que esos tíos o cuñados que sólo ves para un cumpleaños o para Navidad. Es ese grupo de personas que sabes, con total seguridad y confianza, que los podrías llamar por teléfono a las 3 de la mañana y vas a encontrar una voz dormida pero dispuesta a escucharte.

Como suelo alentar a mis queridos asistentes a seminarios y a mis queridos lectores, a que siempre comiencen practicando los cambios con las personas cercanas, quiero ser el primero en ponerlo en práctica:

"Deseo de corazón y con mi alma agradecer a mi maravillosa familia elegida, esos amigos que llevo conmigo a donde vaya, y aunque vivan en países diferentes y estemos a distancia, los siento tan cerca que son un bálsamo a mi corazón inquieto. Gracias por conocerme tanto y quererme así como soy. Gracias a mis papis por haber trascendido tantos espacios y acompañarme permanentemente en mis caminos. Definitivamente, si hice algo bien en mi vida y pude dar amor a otros es porque me sentí y me siento tan amado por ellos. Gracias a mi pareja que me muestra el maravilloso sentido de compartir la cotidianeidad, gracias también a mis maestros de vida, y a esos familiares de sangre (ustedes saben quiénes son) que forman parte de mi familia elegida".

Es una bendición poder crear la propia familia elegida, es una oportunidad que nos da la vida de crearla si la de sangre no nos completa, o de agregar a los lazos de sangre esas *perlitas deliciosas* que encontramos a lo largo de los años.

Y para ti...¿Quiénes conforman hoy tu familia elegida? Te propongo que detengas la lectura, busques papel y lápiz, pongas música y escribas esa *Lista de Oro*, allí está tu sostén y la fuente de tu alegría.

Ten presente fomentar, cuidar y alimentar esas relaciones, ya que, como un árbol, si no lo regamos y le dedicamos un poco de tiempo, se marchitará.

Para disfrutar de la familia, tanto la de sangre como la elegida, es imprescindible dedicar tiempo y ganas, y como siempre, amor.

No es que tenga acciones con la palabra *amor*, o cobre por cada vez que la escriba ni que me crea un gurú *new age*, sino que hasta en todas las religiones, corrientes filosóficas y psicológicas, coinciden en lo mismo: el punto de partida y el final de este camino llamado vida se sostiene y tiene sentido en un proceso donde haya amor.

Ejemplos de disfrutadores de la familia y los amigos:

En las historias que siguen encontrarás cómo diferentes personas logran disfrutar de sus familias y amigos.

JULIANA se casó enamorada de Jerónimo, el gran amor de su vida, a quien conoció en su época estudiantil. Tuvieron dos hijos, y estaban por la mitad del pago de una casa en cuotas cuando él le confesó que ya no la amaba.

No había otra mujer en el medio, había cansancio y desilusión de su parte. Para ella fue un baldazo de agua fría, jamás hubiera esperado algo así. Al principio él creyó que entonces el amor era solo para el cine, y ella creyó que era víctima de su ex marido y de la injusticia de la vida.

Los primeros años hubo broncas y peleas, reclamos de ambas partes pero con el tiempo aprendieron a preservar el amor hacia sus hijos y mantener esa unión como padres de dos criaturas que fueron concebidas con pasión.

Pasaron diez años, ambos están nuevamente en pareja, y las visiones que tenían cambiaron considerablemente. Ella descubrió su parte de responsabilidad en haber descuidado las necesidades de él en la relación. Jerónimo reconoció que el amor había desaparecido como consecuencia de no estar conforme consigo mismo. Y cuando encontraron sus nuevas parejas, la relación entre ambos y con sus hijos mejoró notablemente.

Hoy suelen ir de paseo los dos junto a los hijos, y varias veces junto a sus respectivas parejas. Hace unos meses fueron a cenar los cuatro (Juliana, Jerónimo y sus parejas); no solo la pasaron muy bien sino que decidieron repetir el encuentro. Lo que ayer hubiera sido imposible de imaginar hoy es una realidad vivida con alegría y en paz.

PAULO era un adolescente retraído y tímido, con una gran dificultad para hacer amigos. No poseía nada de lo que es valorado a esa edad: su físico era delgado y pequeño, su nariz demasiado grande, tenía acné, era muy poco habilidoso para los deportes y sin capacidad discursiva para atraer chicas.

Cuando consiguió su primer trabajo, si bien el acné ya no existía, la nariz estaba más proporcionada en su cara y su timidez con las mujeres había desaparecido, continuaba sintiéndose solo los fines de semana. Los amigos eran una asignatura pendiente. Comenzó a ir a un terapeuta, con quien descubrió que en relación a encontrar amigos no había hecho prácticamente nada.

Así como para conseguir trabajo, conocer chicas y mejorar su apariencia había emprendido varias acciones, con los amigos seguía en el rol de esperar que mágicamente los amigos tocaran a su puerta.

Como no le gustaba ir a bailar ni tampoco ir al gimnasio, buscó espacios que resonaran con su estilo. Así aprendió a bailar tango y expresar sus emociones en seminarios de desarrollo personal. Junto con los aprendizajes se llevó amigos nuevos, y esa confianza le permitió también ver cuántas personas maravillosas lo rodeaban en el trabajo.

Paulo ya tiene 30 años, una novia con quien hace el amor escuchando tangos modernos y un grupo de amigos como él: heterogéneo, creativo y sensible.

Cuando tenga 70 años podrá descubrir que los amigos son compañeros de caminos y hermanos elegidos, y que son como los buenos vinos: con el tiempo se disfrutan aún más.

CAMILA y LILIANA se conocieron estudiando arquitectura en la universidad. Conformaron un grupo de seis amigos inseparables donde compartieron la época de bailar hasta el amanecer, estudiar de noche y viajar los fines de semana a la playa.

Cuando se recibieron, el grupo lentamente se fue desintegrando por el simple hecho de que cada uno fue tomando caminos diferentes.

Camila se casó, nunca llegó a ejercer la profesión y se dedicó a ser ama de casa con hijos para cuidar. Liliana se fue cinco años a vivir al extranjero por un contrato de trabajo, y cuando regresó instaló su propia empresa de arquitectura especializada en la construcción de casas ecológicas.

Después de varios años sin verse, se reencontraron por casualidad en un shopping un sábado a la tarde. Camila estaba contenta con su familia pero insatisfecha a nivel profesional, ya que no trabajaba. Liliana estaba contenta con su profesión pero insatisfecha a nivel personal, ya que no encontraba un hombre para formar pareja.

La amistad resurgió como si se hubieran encontrado ayer por última vez. A medida que pasaban los años sentían la dicha de disfrutar las conversaciones en los desayunos, los almuerzos en el centro de la ciudad y algún domingo sin tiempo.

Cuando el amor es profundo y genuino entre amigos, nuestro deseo de lo mejor para ellos hace que conscientemente o no, ayudemos con nuestra mera presencia.

Cuando su hijo menor cumplió diez años, Camila comenzó a trabajar en la empresa de Liliana.

Un sábado a la noche, en el cumpleaños del marido de Camila, Liliana conoció a Leandro, quien se convirtió en su actual pareja.

Hoy la hija mayor de Camila cobra por su primer trabajo como niñera del bebé de Liliana. La cadena del amor y su influencia es infinita e imprevisible.

Si formaras parte de estos ejemplos...
¿Cuál sería tu historia familiar y de amistades?

5. El disfrute de la SALUD

> *"Te veo bien, estas siempre buscando, te veo bien, vivito, vivito y coleando..."*
>
> Carlos Gianni y Hugo Midón

Hace ya varios años que se está utilizando mucho el término de "*medicina preventiva*" no sólo en el ámbito propiamente médico sino también a un nivel más generalizado.

Como no soy médico, sino que mi formación tiene relación con el mundo de las comunicaciones y las emociones, es desde el plano cotidiano que me interesa hablar de la salud. No desde el lugar de qué hacer y qué evitar sino desde el espacio donde podemos ampliar la mirada con respecto a nuestro bienestar en general. Es decir, aprender a observarnos como una unidad entre nuestro cuerpo, nuestras emociones, nusestras conversaciones y los síntomas físicos que nos suelen "aparecer".

Existen muchos autores que han demostrado la relación directa existente entre determinados tipos de síntomas y actitudes emocionales arraigadas en el tiempo.

Del síntoma físico propiamente se pueden encargar los médicos y terapeutas alternativos (en ambos hay que saber buscar de los buenos y profesionales, porque en ambos hay de los *otros*); por lo tanto en lo que a mí respecta voy a profundizar en todo lo que rodea, todo lo previo, lo que ha generado que como resultado final aparezca un síntoma físico.

El uso de la expresión *medicina preventiva* nos está hablando de una conciencia que está comenzando a emerger, y que nos revela que para estar sanos y disfrutar de nuestra salud psicofísica-emocional necesitamos tener ciertos comportamientos y hábitos (aquí entra la medicina preventiva) que nos ayuden a estar fuertes, alegres y creativos, y no solamente ocuparnos de nuestro bienestar cuando éste tambalea.

¿Qué significa entonces ocuparnos de nuestro bienestar?
Significa ocuparnos de nosotros en diferentes ámbitos de nuestro ser:

1) El cuerpo, 2) Las emociones y las conversaciones, 3) La espiritualidad y la meditación y 4) El ocio y el tiempo libre.

1. **El ámbito del cuerpo** es un espacio apasionante por descubrir porque nos conecta con la *sinceridad y honestidad* de lo que nos pasa y de quienes estamos siendo. El cuerpo no sabe ni puede mentir, siempre es sincero, por eso es que los síntomas son una forma maravillosa de mostrarnos aquello que no veíamos o no queríamos ver.
   Por lo general lo que solemos hacer ante un síntoma físico es medicarnos. Éste es el paradigma de la medicina tradicional, basado en el concepto de "Acción-Reacción", es decir: "*me duele la cabeza.. .tomo paracetamol, tengo dolores musculares... diclofenac, me siento cansado... .aspirina, estoy acelerado... ansiolíticos*".
   Con este ejemplo no estoy criticando a la medicina ya que yo soy el primero que recurro a la maravilla de sentirse mejor con la ayuda externa de un medicamento. Lo que considero que nos está faltando es ir un paso más adelante y tratar nuestros síntomas con algo más profundo que *solamente* una píldora, y ese "algo" tiene relación con aprender a escucharnos y comprender a nuestros síntomas como aliados y no como una guerra que hay que ganar.

Además de la medicación prescripta por tu médico, existe un maravilloso trabajo contigo mismo que puedes hacer. Por ejemplo, preguntarte: "*¿Qué me impide hacer este síntoma*? (¿moverme rápido, controlar a los demás, hablar, enojarme, etc, etc?) y "*¿Qué me posibilita este síntoma*?" (¿tener tiempo para cosas que no suelo tener, descansar, enfrentarme a alguien, conversar, etc, etc?).
Todos los síntomas tienen algo positivo y negativo en el sentido de posibilidades que se nos abren y se nos cierran con el síntoma. Si sólo crees que tienes connotaciones negativas con tu síntoma, es porque no te detuviste lo suficiente a indagarte, ya que si verdaderamente ese síntoma no tuviera ningún sentido para ti, no lo tendrías.
Supongamos que eres una persona que está siempre *a mil*, de las que tiene un cohete en el trasero, y que sólo te detienes cuando no das más y caes rendido /a en la cama a la noche.
Si este comportamiento se sostiene en el tiempo, es muy posible que en algún momento el cuerpo te pase el mensaje: "*necesito parar*".
Al principio los mensajes que nos pasa el cuerpo son más sutiles: una leve sensación de cansancio, dificultad de concentrarse, dificultad para dormir, necesidad de pensar en lugares gratificantes, etc. Pero como por lo general, no sabemos estar preparados ni acostumbrados a escuchar estas señales y solamente tomamos remedios, esos suaves mensajes se irán transformando en manifestaciones mucho más contundentes hasta ser escuchadas y atendidas (aunque a veces ya sea un poco tarde).
No es de extrañar por lo tanto que a una persona acelerada e hiperkinética le "aparezcan" gripes que la hacen quedarse varios días quieta en cama, o una contractura que la

obliga a no hacer nada y moverse poco y lento, o una fractura que le exige pedir ayuda, etc, etc.
Para no llegar a síntomas mucho más peligrosos, y poder disfrutar de nuestra salud, es necesario que comencemos ahora mismo a cambiar y mejorar nuestros hábitos cotidianos. Pero no solamente cambiarlos hasta que nos sintamos bien, y luego otra vez como antes; eso equivale a querer curarse una cirrosis y cuando ya me siento bien, volver a tomar alcohol. Así nunca saldremos del círculo vicioso.
Los cambios de hábito cotidianos pueden relacionarse con múltiples factores, dependiendo de cada persona y de cada síntoma: comer variado y sano, comer menos o más, dejar el cigarrillo, el alcohol y las drogas o disminuir el consumo, hacer ejercicio físico, darse gustos a menudo (premiarse porque sí) con aquello que nos alegra, expresar más las emociones o por el contrario dejar de reaccionar ante todo y soltar la cara de perro rabioso, conversar, meditar, hacer respiraciones profundas, etc, etc.
En una época y cultura donde tener un cuerpo estéticamente bonito y cuidado según los estándares de moda es algo más importante y valorado que tener una carrera, suele ocurrir que confundimos salud corporal con la obsesión estética de tener un cuerpo de modelo de pasarela. No existe relación entre una y otra.
Disfrutar de nuestro cuerpo saludable, como hemos visto, es muchísimo más que eso. Por supuesto que vernos bien y gustarnos frente al espejo es muy importante, pero también lo es, por ejemplo, gozar de nuestra sexualidad, disfrutar del trabajo, descansar sin culpa, aprender a meditar y estar en silencio, observar nuestra postura física y mejorarla con ejercicios, sentarnos en sillas confortables, dormir en colchones saludables, etc.

En definitiva, el disfrute de la salud a través del cuerpo es un viaje de reconexión con los sentidos.

También debemos tener en cuenta de no obsesionarnos con el primer síntoma que nos aparece, ya que muchas veces necesitamos enfermar para acceder a planos de comprensión que no lograríamos de otro modo. Cada uno sabrá cuál es el límite entre ser hipocondríaco y ser alguien que de vez en cuando le resulta muy sano estar un poquito enfermo.

Pasemos ahora al siguiente ámbito que influye en nuestro estado de salud.

2. **El ámbito de las emociones y las conversaciones** es absolutamente determinante en el estado y disfrute (o no) de nuestra salud.

   Si bien la expresión de las emociones es mucho más saludable que la represión, cuando vivimos expresando enojo, rabia, hostilidad, resentimiento, envidia, tristeza... lo que necesitamos es reaprender a expresar otra gama de emociones tales como el perdón, la aceptación, la alegría, la compasión (que no es lástima) y muy especialmente, el amor.

   Existen muchos autores y corrientes de pensamiento que relacionan los síntomas con emociones y conversaciones: Ravi Shankar, Louise Hay, Rüdiger Dahlke, Thorwald Dethlefsen, Elizabeth Kübler-Ross, Deepak Chopra, Indra Devi, y muchísimos más. Esto no es algo nuevo, tal vez sea nuevo para ti, pero esta información está en la humanidad hace miles de años, nuestros antepasados lo sabían: mayas, aztecas, guaraníes, patagones, cherokees, quechuas, incas, mapuches, yámanas, e infinitas civilizaciones que han poseído conocimientos poderosos y profundos de la relación existente entre nuestra salud, nuestras emociones y la naturaleza.

Lamentablemente nos hemos encargado de aniquilar sus culturas y su sabiduría, y ahora nos encontramos pidiendo perdón a la historia, como hicimos con la inquisición, pero en vano, ya que perdimos esa información y necesitamos comenzar a buscar casi de cero nuevamente.

Nos queda aún la esperanza de algunos antepasados vivientes y la posibilidad de reconectar con la información que la naturaleza aún posee. Sólo que para acceder a esa información necesitamos estar en una frecuencia sutil y suave que no se adquiere hablando fuerte, insultando y haciéndole la guerra al vecino.

Nuestros antepasados sabían que sentarse a conversar bajo un árbol era sanador, hoy en día llenamos de palabras vacías los encuentros porque no tenemos el coraje de hablar de lo que está más profundo y que tal vez duela un poco.

Si no conversamos, si no expresamos las emociones genuinas, si no nos encaminamos a transformar las emociones bajas por otras más expansivas... pues entonces no podremos disfrutar de nuestra salud emocional y conversacional.

3. **El ámbito de la espiritualidad y la meditación** es un espacio que a nivel general y popular poco se sabe y mucho se opina.

   Como hacemos con la recomendación de medicamentos entre conocidos como si fuéramos médicos, la misma actitud solemos tener con el misterioso y fascinante mundo espiritual y meditativo.

   Escuchamos que la modelo de turno dijo en televisión que hace no sé qué meditación o que lee a tal autor, y si esa modelo nos parece una estúpida, entonces concluimos que ese autor o esa meditación deben ser una estupidez.

   Vemos programas de cable de dudosa reputación sobre vidas pasadas, meditación a través de la respiración, chamanismo, etc. y como son términos que no aprendimos en el colegio y no están avalados por las religiones judeocristianas o por universidades, entonces creemos que *todo* eso no sirve, no es bueno o es un lavado de cerebro. Pensar de esta forma es una manera muy ingenua e ignorante de concebir conocimientos milenarios. Como todo en la vida, existen lugares, técnicas y personas que son serios y profesionales y de los otros.

Necesitamos aprender a buscar con conciencia, intuición, confianza y determinación.

Es como concluir que porque un cura, un rabino o un profesor universitario son irresponsables y poco profesionales, entonces la religión cristiana, judía y determinada universidad no son confiables.

Hay millones de personas que canalizan su búsqueda a través de alguna religión y con eso están satisfechos, y me parece excelente.

También existen otras millones de personas que no les alcanza con la religión o prefieren canalizar su espiritualidad (que no es sinónimo de religión) por otros canales.

Y están las nuevas generaciones que están comprendiendo que no importa de dónde vengo, si elijo la Biblia, la Toráh, el Talmud, o ninguno, sino que lo esencial es escuchar el llamado interno y respetar el de los otros.

Hay un punto en común a todas las religiones y caminos espirituales, por más diferentes que sean, y ese común denominador es el "*silencio*". Sólo en la práctica recurrente de silenciar la mente e ir al corazón podemos conectar con algo mas grande que nosotros mismos: Dios, Fuente, Universo, Energía, Cristo, Buda, Krishna... sólo cambia el modo de llamarlo.

Cuando podemos conectar con esa sensación de formar parte de algo más grande que uno mismo, aparece la humildad y las ganas de ver con ojos compasivos y amorosos a los demás en sus diferencias con uno mismo.
Meditar y silenciarse son actividades que nos pueden conectar con el disfrute de nuestra alma. Podemos lograr esta conexión practicando no sólo algún tipo de meditación o actividad tipo yoga; también podemos acceder a esa conexión con el todo practicando un deporte, tocando un instrumento musical, haciendo el amor, desarrollando actividades que nos encantan, yendo a ver un espectáculo u obra de arte, contemplando la naturaleza, etc.
El factor común a todas estas actividades es la sensación de "***fundirse***" con aquello que estamos haciendo, es sentir que somos "*uno solo*", es decir, que no existe división entre nosotros y los otros, entre nosotros y el entorno.
Esa sensación es la que podemos llamar *meditación*, donde la mente no está tan presente o directamente no está; esa sensación es espiritual más allá de toda explicación y referencia.
Cuanto más nos permitamos ingresar en estos espacios, mayor será la capacidad de disfrute de la salud de nuestra alma.

4. **El ámbito del ocio y el tiempo libre** es uno de los factores más decisivos y conflictivos a la hora de ocuparnos de nuestra salud, debido a que en apariencia muchos decimos querer tener más tiempo libre para *no hacer nada*, pero después no sabemos qué hacer con ese tiempo libre y cómo llenar las horas.
Uno de los típicos síntomas de hoy en día en nuestra cultura occidental es la dificultad para parar y poner un freno a la ansiedad y el aceleramiento, llenándonos de actividades.

Si no podemos disponer todos los días de media hora para estar totalmente solos y en total silencio, como decíamos antes, donde no nos pongamos ninguna actividad externa que nos distraiga... entonces estamos lejos de conseguir un estado psicofísico-emocional saludable, y por lo tanto, el disfrute seguirá siendo algo

- ...para cuando tenga tiempo
- ...para cuando tenga dinero
- ...para cuando esté en pareja
- ...para cuando sea grande
- ...para cuando esté sano
- ...para cuando me separe
- ...para cuando mis hijos crezcan
- ...para...

Por supuesto que también hacen muy bien los momentos de diversión, risa, baile, locura creativa y alegría.
A lo que debemos estar conscientes es a no confundir alegría y disfrute con los actuales espacios para evadirse (más que para estar alegre y feliz) donde nos llenamos de ruido, alcohol, etc.
Por eso, como por lo general los contextos externos propician más el evadirse hacia fuera que el ir hacia adentro, es importante tener esto presente para no estar esperando que llegue desde afuera el momento o la posibilidad para ir hacia adentro. En general es difícil que eso ocurra si no nos movemos primero y comenzamos a buscar.
Como decía Buda, poder lograr "*el camino del medio*" entre los extremos, es un arte que se realiza durante toda la vida.
En lo que respecta al disfrute de la salud en el manejo del ocio y el tiempo libre, *el camino del medio* consistiría

entonces en poder combinar Disney con el silencio en soledad, un recital de rock con unos masajes, tener sexo apasionado con meditar de a dos.... sólo por dar algunos ejemplos.

En Occidente no estamos preparados (porque no lo aprendimos) para vivir meditando y permanecer grandes horas del día en total silencio como lo hacen en India por ejemplo, pero eso no quita que lo podamos aprender y practicar, llevándolo a nuestro estilo de vida.

Lo que sí sabemos en demasía es aturdirnos con gritos, bocinazos, música fuerte, aceleración, ansiedad...

Por lo tanto, el desafío de aquí en más consistirá en no quedarnos solamente en un extremo o el otro, sino en encontrar cada uno la manera de hacer su propia síntesis, logrando ese equilibrio tan buscado entre paz y silencio con pasión y diversión.

Ejemplos de disfrutadores de la salud:

A continuación podrás enriquecerte con las vidas de quienes han trascendido síntomas y enfermedades, y lograron disfrutar de su salud.

CARLOS era un actor joven prometedor, que estaba iniciando sus primeros pasos cuando le detectaron cáncer en la garganta. Esa noticia fue desgarradora no sólo porque implicaba realizarse una operación y el riesgo era perder la voz, sino también porque significaba dejar de ejercer su vocación.

Llegado el momento crucial la opción era enfermarse y morir u operarse y perder la voz. Con la desaparición de sus cuerdas vocales se fueron también sus ilusiones de desplegar sus dones como actor.

Muchas personas se hubieran resignado o resentido de por vida, pero no fue el caso de Carlos, que, si bien en un comienzo el mundo se le desmoronó, una vez asistió a una conferencia donde el expositor hablaba y se le escuchaba bastante bien....y no tenía cuerdas vocales!!!!

Cuando observó eso, se dijo: *"si él pudo, yo también voy a poder"*. Aprendió a hablar con el vientre y a partir de ahí comenzó a dar clases de teatro para estudiantes. Al principio no era lo que más hubiera querido, pero con los años comprendió que ése era el camino que había sido llamado a desplegar en esta vida.

Así se transformó con el correr de los años en el director de teatro y formador de actores más prestigioso de la Argentina.

Cuando yo lo conocí él era un hombre de 65 años aproximadamente, pleno de sabiduría para transmitir. Él fue inicialmente mi profesor de teatro y con los años se convirtió en uno de mis grandes maestros en el arte de la vida. Tuve el privilegio de aprender de él no sólo la magia de la actuación sino y muy especialmente una nueva forma de ver la vida y de comprenderme; él me inició a los grandes filósofos, sanadores y herramientas de desarrollo personal. Cuando falleció sentí una profunda ausencia que, con los años, se convirtió en una profunda gratitud.

CELIA ha sido bendecida con el don de aprender de las adversidades. Cuando era pequeña, su padre era alcohólico y cuando regresaba al hogar por las noches en estado de ebriedad se ponía tan violento que le pegaba a ella y su madre. Al llegar a los 12 años de edad, y por temor a que el padre abusara de ella, la madre la internó en un colegio pupilo de monjas. Con las mejores intenciones, la mamá de Celia jamás imaginó que le haría semejante daño al dejarla sola y bajo la mirada rigurosa y fría de esas mujeres vestidas siempre de gris.

Al finalizar el secundario, se había convertido en una mujer atractiva y bella, lo que facilitó que una noche de luna llena y música en la playa, quedara embarazada del primer muchacho que la miró con gentileza y que salió huyendo cuando se enteró de la noticia.

Con 19 años, un hijo y sin un rumbo claro hacia dónde ir, conoció un grupo de amigos que tomaban cocaína. Lejos de sus padres ausentes sintió que ese grupo era lo único que tenía y se dejó llevar por la adicción para sentirse acompañada.

Cerca de los treinta, estaba con un hijo entrando en la pubertad, un aborto, un divorcio y la sensación de vacío al mirar hacia atrás.

Lo único que faltaba era que su cuerpo le dijera *¡Basta!*, y efectivamente así sucedió. Una mañana de verano se levantó con una sensación extraña en su cuerpo de extremo calor en toda la parte derecha (desde el pie hasta la cabeza) mezclada con asfixia y rigidez. Estaba teniendo una profunda parálisis corporal, que descubrió cuando se lo diagnosticó el personal médico de urgencia.

Durante los dos años siguientes de rehabilitación se enamoró de Hernán, el enfermero que le enseñó de nuevo a mover lentamente cada parte de su cuerpo abandonado. Fueron esos años los que despertaron en Celia la necesidad de reencontrar un sentido a la vida.

En vez de pensar en suicidarse, sintió que había mucha gente como ella, sufriendo en silencio.

Así fue que se contactó con organizaciones de ayuda a suicidas y adictos, e inició una nueva etapa en su vida.

Con el hijo ya crecido, junto a un hombre a quien amaba y un pasado del que no se arrepentía, pero no deseaba para otros, encontró su vocación.

En la actualidad Celia tiene 50 años, trabaja con Hernán como ayudante de enfermería y coordina un grupo de rehabilitación de jóvenes adictos.

Su parálisis es casi imperceptible y su pasado está casi sanado, sólo es cuestión de continuar dando a los otros lo que a la jovencita que sigue adentro le hubiera gustado recibir.

Si formaras parte de estos ejemplos...
¿Cuál sería tu historia con la salud?

MITOS DEL DISFRUTE

> *"Muere lentamente quien evita una pasión y su remolino de emociones, justamente éstas que regresan el brillo a los ojos y restauran los corazones destrozados.*
>
> Pablo Neruda

Estuvimos viendo cómo se manifiesta el disfrute en los diferentes ámbitos de la vida. Sin embargo existen muchos mitos con respecto al merecimiento para disfrutar en dichos ámbitos, que nos impiden lograr esa actitud que todos deseamos conquistar.

Veremos entonces cuáles son aquellos mitos que hemos creado los seres humanos alrededor de:

1. **El sexo.**
2. **El trabajo y el dinero.**
3. **La pareja.**
4. **La familia y los amigos.**
5. **La salud.**

Para comprenderlo mejor, entonces, primero sepamos a qué nos referimos cuando hablamos de mitos hoy en día.

Un mito es una ficción alegórica, suele poseer una fuerza de tipo creadora (e incluso mágica) que forma parte vital del mismo pueblo que los crea.

De esta forma, un mito puede tener notable influencia en las costumbres de una determinada sociedad.

Caracteriza al relato mítico un discurso circular que transcurre durante un tiempo extra-temporal y a-histórico en el cual los sucesos se repiten periódicamente simbolizando con frecuencia acontecimientos cíclicos observables en la naturaleza. Por ejemplo, el mito de Isis, Osiris y Horus, que tiene por temática principal la muerte y resurrección, es una clara alegoría de los ciclos de la cosecha y su renacimiento a partir de las semillas.

Según la visión de Lévi-Strauss, uno de los estudiosos más influyentes del tema, él decía que a todo mito lo caracterizan tres atributos:

- Trata de una pregunta existencial, referente a la creación de la Tierra, la muerte, el nacimiento y similares.
- Está constituido por contrarios irreconciliables: creación contra destrucción, vida frente a muerte, dioses contra hombres.
- Proporciona la reconciliación de esos polos a fin de conjurar nuestra angustia.

Como los demás géneros tradicionales, el mito es en origen un relato oral, cuyos detalles varían a medida que es transmitido de generación en generación, dando lugar a diferentes versiones. En las sociedades que conocen la escritura, el mito ha sido objeto de reelaboración literaria, ampliando así su arco de versiones y variantes.

Existen diferentes **tipos de mitos:**

- **Mitos cosmogónicos**: intentan explicar la creación del mundo.
- **Mitos teogónicos**: relatan el origen de los dioses.
- **Mitos antropogénicos**: narran la aparición del ser humano.
- **Mitos etiológicos**: explican el origen de los seres, las cosas, las técnicas y las instituciones.
- **Mitos morales**: explican la existencia del bien y del mal.
- **Mitos fundacionales**: cuentan cómo se fundaron las ciudades por voluntad de dioses.
- **Mitos catastróficos**: anuncian el futuro, el fin del mundo.

Además es importante saber a qué nos referimos cuando hablamos cotidianamente de los *mitos*.

Y tener presente que cuando conversamos, nos referimos a un "mito" para ejemplificar sobre ***algo que se divulga mucho popularmente pero que no es totalmente cierto, o directamente es falso***.

Veamos cuáles son algunos de los típicos mitos populares en las distintas áreas de la vida. Te invito a poner en práctica tu creatividad y que pienses en otros mitos que no estén aquí.

10 mitos que impiden el disfrute en el SEXO:

1. Gozar plenamente del sexo está "mal" y es "pecado" (según el paradigma religioso el sexo es sólo para procrear, no para gozar).
2. El tamaño del pene es fundamental para disfrutar del sexo.
3. El sexo "natural" es el heterosexual, otras formas de manifestarlo son "antinaturales".
4. La mujer tiene menos deseo sexual que el hombre.
5. El hombre está hecho para tener relaciones sexuales con muchas personas diferentes, mientras que la mujer con una sola.
6. La mujer es mas fiel que el hombre (la fidelidad es igual para todo el mundo).
7. El hombre quiere cantidad y la mujer calidad.
8. Matrimonio e hijos aniquilan el buen sexo.
9. Las personas mayores no gozan tanto del sexo como los jóvenes.
10. Los hombres solo quieren tener sexo y las mujeres dan muchas vueltas para tenerlo.

10 mitos que impiden el disfrute en el TRABAJO y el DINERO:

1. El trabajo es sólo para ganar dinero, no para pasarlo bien.
2. Sólo ganan buen dinero los jefes y los dueños, los empleados siempre son víctimas.
3. Trabajar en relación de dependencia es mucho más seguro que ser independiente.
4. Vivir haciendo algo que me apasione y que además me paguen por hacerlo es casi imposible (sólo para algunos elegidos).
5. El trabajo es en una oficina, lo demás no es un verdadero trabajo.
6. Las relaciones laborales deben ser profesionales, manteniendo la vida personal de la puerta para afuera.
7. El cliente siempre tiene la razón (su satisfacción está antes que mi dignidad).
8. Trabajar en equipo significa que no me destacaré, para crecer en una empresa debo regatear información.
9. Toda la gente que tiene dinero lo gana de formas turbias (el dinero es sucio).
10. Si gano mucho dinero nadie me va a querer por quien soy sino por lo que tengo.

10 mitos que impiden el disfrute en la PAREJA:

1. Las parejas funcionan bien hasta que se casan.
2. La fidelidad garantiza una muy buena pareja (conversar sobre los *acuerdos claros* es peligroso).
3. Estar muchos años en pareja con alguien es sinónimo de que funciona bien, hay amor y sexo.
4. Las parejas heterosexuales funcionan mejor que las homosexuales.
5. La diferencia de edad en las parejas no es buena (y peor aún si la mujer es la mas grande).
6. La separación es un fracaso de la pareja (la mejor pareja es la que dura hasta la vejez).
7. Las parejas sin hijos están destinadas a terminar.
8. Es mejor no conversar de "ciertas cosas" para mantener una relación de pareja.
9. Hay "cosas sexuales" que son irrespetuosas para hacer con la pareja.
10. Si no estoy en pareja no funciono bien en la vida, necesito a la media naranja para estar completo/a.

10 mitos que impiden el disfrute en la FAMILIA y los AMIGOS:

1. Mis mejores amigos son mi pareja y mis hijos.
2. Si le dedico tiempo a los amigos estoy descuidando la familia.
3. Está mal no tener relación con un hermano/a, éstos deberían ser los mejor amigos.
4. La familia de origen debería mantenerse igual de unida una vez que los hijos comienzan a vivir solos o a casarse.
5. Los mejores amigos son los que vienen desde la infancia (la profundidad en las relaciones amistosas requiere de muchos años).
6. No hay que mezclar familiares y amigos en el trabajo.
7. Las mejores amistades de una pareja son otras parejas.
8. No es posible la amistad entre el hombre y la mujer (y menos aún si es el marido o la mujer de una amistad).
9. Las parejas homosexuales no tienen familia, ése es un privilegio de los heterosexuales.
10. No se puede ser amigo/a de una ex pareja.

10 mitos que impiden el disfrute en la SALUD:

1. La gente joven es saludable y la gente mayor no lo es.
2. Salud es comer sano y hacer deportes.
3. Los médicos son los que mejor cuidan de mi salud.
4. Sin pareja ni dinero peligra mi salud.
5. La salud se consigue estando feliz el mayor tiempo posible.
6. La enfermedad y los síntomas son los enemigos de la salud a los que hay que combatir.
7. Los remedios alopáticos son la mejor cura para reestablecer la salud.
8. Las terapias alternativas no son serias ni profesionales y no sirven tanto como la medicina tradicional.
9. Las conversaciones, el entrenamiento emocional y la recreación son accesorias a la salud.
10. La salud no se la elige, se la tiene o no. Como dice esa parodia al conocido refrán: "*Salud, dinero y amor...dame dinero y amor, la salud viene y va*".

DISFRUTAR REQUIERE DE LA HABILIDAD PARA AUTO-AYUDARSE

"Quiero acelerar mi evolución personal, quiero que el espíritu me asista en mayor medida. Deseo que mi cuerpo se regenere. Quiero emanar salud. Estoy dispuesta a dejar las dificultades para poder ser un ejemplo viviente de lo que el ser humano puede llegar a ser."

Bárbara Marciniak

Como escritor de temas relacionados a la búsqueda espiritual, debo reconocer que la palabra *autoayuda* no me provocaba gran simpatía, dado que el concepto en sí está tantas veces mal utilizado y bastardeado que, en vez de *ayudar* genera incredulidad o simplismo barato.

Pero sin embargo yo soy una persona con un alma siempre buscando y queriendo crecer, con estudios universitarios y me considero un apasionado por el aprendizaje y los libros que me ayuden en ese camino. Es decir, no creo ser alguien que se conforma con cualquier texto que le cae en las manos.

Por eso, cada vez que voy a una librería, me dirijo al sector *autoayuda* sabiendo que tendré que hacer una elección muy consciente y dejándome llevar por mi intuición para no caer en la compra de un libro que prometa mucho y no cumpla con su promesa.

De esa forma, según cada librería, me tengo que dirigir a los siguientes rubros:

- *autoayuda*
- *espiritualidad*
- *esoterismo*
- *ocultismo*
- *religiosidad...*

¡¡Cuantas confusas maneras de englobar libros tan diferentes y opuestos entre sí!!

Por eso es importante aprender a diferenciar aquellos libros que son honesta y genuinamente una auto-ayuda, de aquellos que son un fiasco.

En la misma estantería podemos encontrar desde cómo hacer el amor con la misma persona (aunque ya no la ames), pasando por la fórmula para ser un (padre, empresario, marido, amante, etcétera) exitoso y feliz, hasta la receta de un personaje de la TV sobre cómo ser famoso en poco tiempo.

Desde mi perspectiva, todo libro que "garantice" la fórmula para la felicidad, el éxito, el amor y el dinero no está siendo sincero, porque ¿cómo podría existir una fórmula que se aplique por igual para todos? Si fuera así... ¿quién no la estaría aplicando?

Si así y todo, compras esos libros de fórmulas para la felicidad, después no te frustres si no encuentras lo que esperabas.

Creo que los libros que pueden ayudar sin imponer *recetas mágicas resuélvelo todo* son aquellos que muestran caminos, que proponen sin sentenciar, que hablan mas desde la experiencia que desde la teoría, y que alientan al lector a que continúe su propio camino de búsqueda sin esperar de afuera las soluciones.

Y ése es el mayor desafío en estos tiempos: **dejar de esperar que alguien o algo te diga cuál es el mejor camino, y aprender a descubrirlo por tu propia cuenta** sin que "LA" respuesta provenga de afuera.

¿Te imaginas un político que lo único que prometa antes de las elecciones sean ganas de mejorar pero a puro sacrificio, trabajo duro e incertidumbre? Probablemente muchas gente no lo votaría jamás, porque estamos acostumbrados a que nos digan que habrá más pan, trabajo, paz y alegría, aunque en el fondo sepas que eso no ocurrirá en tu círculo cercano si no eres tú quien decide que así será de aquí en más.

Por lo tanto, desde ahora, la autoayuda podría ser toda actividad que la realices por tus propios medios, a través de tu intuición, para encontrar caminos nuevos y diferentes que te lleven hacia una vida más linda.

Hay personas que se auto-ayudan leyendo un libro, otras yendo a ver un espectáculo, otras pidiendo consulta terapéutica, otros haciendo deportes, meditando, rezando, bailando, mirando vidrieras... por suerte la lista puede ser eterna.

Así que a partir de hoy, cada vez que vayas a la librería y busques en el rubro *autoayuda*, recuerda que, como todo en la vida, es cuestión de saber elegir y no de quedarse en el prejuicio (como el que tenía yo), ya que éste lo único que logra es cerrarte las posibilidades de encontrar alternativas para pasarla mejor.

Lo más curioso y llamativo en el disfrute de las relaciones, es que cuando comenzamos a auto-ayudarnos genuinamente, quienes nos rodean desean ayudarnos espontáneamente; porque las energías se atraen.

Para poder disfrutar de cada momento en la vida es esencial ser consciente que si no eres el primero en auto-ayudarte, los demás nunca lo podrán hacer por ti.

Las víctimas atraen apoyo desde la manipulación y la lástima, mientras que quienes se comprometen atraen apoyo desde las ganas y la generosidad. ¿De que lado estás tú?

Aquí va una **AUTO-GUÍA** o cuestionario con algunas preguntas para chequear cuán cerca o lejos estás de ser una persona que disfruta plenamente de la vida:

A. Cuando voy a un restaurante, lo primero que miro en el menú es:

1. El precio de cada plato.
2. Si incluye el valor del cubierto.
3. Los tipos de comida.
4. Los postres.

B. Si tengo una hora para almorzar en medio del trabajo:

1. Como rápido mientras sigo escribiendo en la computadora.
2. Salgo de la oficina a comer mientras hablo por el celular.
3. Almuerzo con un compañero de trabajo y conversamos un poco del jefe y otro poco de bueyes perdidos.

4. Voy a comer con un amigo unos sándwich a la plaza mientras me descalzo sobre el pasto.

C. Me levanto a la mañana con un fuerte dolor de cabeza y lo que hago es:

1. Maldigo contra la vida y lo siento como el presagio del día de porquería que tendré.
2. Me tomo un calmante, mientras desayuno apurado para salir a trabajar.
3. Hago varias respiraciones, me doy una ducha caliente, y luego de desayunar, si no se me pasó tomo un calmante.
4. Hago todo lo anterior, lo tomo como un mensaje para tomarme el día con mas tranquilidad y me mantengo consciente de esto durante la jornada, hasta comprobar que el malestar fue desapareciendo y pasé un muy buen día.

D. Un amigo o amiga te invita a ir de viaje a la playa a su hermosa casa frente al mar en el Caribe. Sólo tienes que pagarte el pasaje, pero no es tu momento de vacaciones, ¿qué haces?:

1. Dices un *NO* rotundo ya que no tienes el tiempo y el dinero (ni tampoco te detienes a pensar en la posibilidad).
2. Te gustaría ir, te ilusionas imaginando esos días, pero vuelves a tu realidad y, en vez de ver posibilidades te entristeces o te embroncas por no lograr hacerlo.
3. Te encanta la propuesta, averiguas las posibilidades y al no poder, le agradeces a tu amigo y le dices que no pierdes las esperanzas de poder hacerlo en el futuro.
4. Dices que sí de entrada y luego haces lo que sea necesario para juntar el dinero, disponer de ese tiempo y no perderte esta oportunidad única.

E. Tu pareja llega de mal humor por el mal día que tuvo, al observarla de ese modo, haces lo siguiente:

1. Reaccionas tú también del mismo modo y te enfadas porque no soportas tener que aguantar esa cara después de que tú también estuviste todo el día trabajando, con lo cual terminan discutiendo.
2. Le pides con un tono no muy agradable que cambie esa cara, y si no lo hace, das media vuelta y te vas sola/o a ver la televisión.
3. Le propones mil y una cosas para que cambie su humor sin observar qué es lo que necesita.
4. Reconoces que tu pareja no está bien, y en vez de tomártelo como algo personal, simplemente le das un tiempo para que con una ducha se sienta mejor. Si luego está más relajada, la invitas a salir, sino le preguntas qué necesita para estar mejor. Si la situación no cambia, te vas con amigos o solo/a al cine o a hacer algo que te gratifique.

F. Estás comenzando el juego previo de seducción con tu pareja y llegado el momento de iniciar la relación sexual, tu cuerpo no responde como esperabas (si eres hombre no logras la erección y si eres mujer te viene la regla). ¿Qué haces?

1. Te molestas con tu pareja porque consideras que él o ella es responsable, te vas de la escena y no quieres conversar más del tema.
2. Te enfadas contigo misma/o echándote la culpa por desperdiciar siempre las cosas en el mejor momento, le pides disculpa a tu pareja y te quedas desilusionado/a y con cierta vergüenza.

3. Como te sientes un poco presionado/a por rendir bien, le propones a tu pareja darse un tiempo y hacer otra cosa mientras vas chequeando cómo te vas sintiendo.
4. Te lo tomas con humor, incluso bromeas al respecto y hacen otras cosas. Si después tendrán sexo o no se verá mas adelante. De todos modos continúas conectado con tu pareja, divirtiéndote con él o ella.

Como habrás podido observar, cuantas más respuestas N°4 hayas marcado, más alineado con el disfrute estarás.

Si marcaste puros N°1, tienes una gran tarea por delante para aprender a disfrutar de la vida.

Y si estás entre 2 y 3, has comenzado a dar los primeros pasos rumbo al disfrute, pero recuerda que los resultados se comienzan a ver con la práctica sostenida en el tiempo.

Te deseo sinceramente que en un año, si vuelves a hacer este cuestionario, sientas que las respuestas N° 4 te quedan chicas!

LOS COLORES DEL DISFRUTE

"Tú tienes las pinturas y el pincel.
Pinta el Paraíso y entra en él."
Kazantzakis

El disfrute tiene una llave que abre todas las puertas: las emociones. Ser maestros del disfrute implica ser maestros de las emociones. Dicho de otra manera, si tienes dificultades con la libre expresión de tu mundo emocional, tienes dificultades para disfrutar de la vida.

Poder expresar libremente todas las emociones que habitan en nuestro corazón es como la paleta de un pintor: cuantos más colores tenga el artista en su paleta, más colorido podrá ser su cuadro; mientras que si poseemos dos o tres colores solamente, la obra de arte resultante estará más limitada.

Lo mismo nos sucede con los colores de nuestras emociones, si solemos estar siempre en dos o tres emociones permanentemente, nos estamos perdiendo de gran parte de la vida, que sólo se puede transitar por emociones diferentes a las que estamos acostumbrados a manifestar.

Si vives en el enojo, te pierdes la ternura.

Si vives satisfaciendo a los demás sin contemplar tus necesidades, te pierdes la libertad de ser querido por como eres.

Si vives en la tristeza, te pierdes la pasión.

Si vives en la pereza o el aburrimiento te pierdes la creatividad.

Si vives en la nostalgia te pierdes de las oportunidades que pasan delante de tus narices.

Si vives en el resentimiento, te pierdes la paz.

Si vives en la resignación, te pierdes las ganas.

Si vives en un falso optimismo, te pierdes la oportunidad de quitarte peso de tu mochila.

Por último, si vives en el odio, te pierdes lo único que importa: el amor.

Las emociones tienen diferentes colores, y en ese sentido, el lenguaje nos muestra cómo los colores forman parte de la vida.

Nos ponemos **rojos** de furia, o la cara se nos enrojece cuando corremos, cuando estamos acelerados o cuando nos excitamos

Sentimos la calma y la serenidad al ver el agua **azul** del mar, de un lago o el sereno placer de flotar en una piscina.

Nos conectamos con la solidez de la tierra a través del color **marrón**, sintiendo la estabilidad de un piso que nos sostiene.

Percibimos la paz y la pureza de los lugares **blancos**, esa sensación que nos invita al silencio.

Nos ponemos **verde** de envidia, y luego si nos conectamos con la naturaleza en todas sus gamas de verde, sentimos esa sensación de grandeza.

Tenemos presente al **amarillo** cuando nos relacionamos desde la suavidad y a su vez cuando nos ponemos amarillos por temor.

Vemos el **violeta** cuando meditamos profundamente y nos conectamos con el misticismo y el misterio.

Aparece el color **rosa** cada vez que evocamos escenas de romanticismo, inocencia y sensibilidad.

Y así la vida va desenvolviéndose a medida que crecemos, y si hasta ahora no te habías dado cuenta, los colores nos afectan tanto cuando disfrutamos como cuando padecemos cada situación.

Por eso, ha llegado el momento de poder evocar conscientemente aquellos colores que te están haciendo falta para desplegar aquélla área de tu vida en particular.

¿Cómo?: Observando los colores de la ropa que usas comúnmente, el color de la comida que comes cada día, los colores que predominan en tu casa, los colores de la gente y los lugares que frecuentas habitualmente, entre otros.

Por eso te pregunto: ¿Qué color sientes que te está haciendo falta en tu vida? Muchos síntomas físicos tienen relación directa con el exceso o la carencia de algún color en especial. Por ejemplo, si estás con malestares estomacales, el color rojo no será adecuado, ya que va a irritar aún más, tal vez pueda funcionar uno más suave y relajante como el azul, el verde o el blanco.

Si te sientes deprimido, los tonos apagados y grises aumentarán la inmovilidad y en este caso el rojo podrá ser de gran ayuda para comenzar a levantarte y ponerte en acción.

¿Qué color sientes que predomina en tu pareja, y cuál le estaría haciendo falta desarrollar?

Si dejas liberar tu mente y le das la bienvenida a tu parte creativa y analógica podrás encontrar respuestas y caminos muy interesantes para comprenderte más a fondo. Aquí van algunas pistas:

1) Si tu trabajo fuera un color, ¿cuál sería, qué tonos le están haciendo falta? ....
....
....
....
....

2) Si tu relación de pareja fuera un color, ¿cuál sería, qué color hay en demasía y de cuál carece? ....
....
....
....
....

3) Piensa ahora en un síntoma físico que tengas bastante seguido, ¿de qué color es ese síntoma y qué tonalidad diferente está pidiendo a gritos para sanar? ....
....
....
....
....

4) ¿Qué color representa a tu madre y cuál a tu padre? ¿Por qué crees que es así? ....
....
....
....
....

5) ¿Cuál es tu color más representativo? ¿Qué relación tiene con los colores de tus padres? ....
....

....
....
....

Como verás, existe un universo fascinante detrás de los colores, y a partir de hoy se pueden convertir en aliados. Por algo será que los arco iris en el cielo generan tanta fascinación; nuestro desafío está en crear el propio arco iris cada vez que nos levantamos a la mañana y el día se presenta aún como una hoja en blanco.

EL DISFRUTE Y LA MUERTE

> *"La muerte pertenece a la vida igual que el nacimiento. Para andar no sólo levantamos el pie: también lo bajamos."*
>
> R. Tagore

Quizás te sorprendas al leer este título y te preguntes: ¿Qué relación puede tener el disfrute con la muerte? En una primera lectura parecerían opuestos, pero lo que quiero transmitirte es que cuando me refiero a la actitud de "no tener nada que perder", el extremo de eso sería la muerte.

Sólo las personas que han padecido una enfermedad "*terminal*" y luego se recuperaron nos pueden contar lo que se siente cuando se entregan por completo a apostar por la vida, pero sin el temor a dejarla. Y eso es PODER.

Existen muchas culturas donde conciben a la muerte como algo tan natural y maravilloso como cualquier expresión de la vida, de hecho sin la muerte no existiría la vida, una forma parte de la otra. En India se celebra cuando una persona deja el cuerpo, en México se hacen bromas muy simpáticas en el día de los muertos, mientras que ese mismo día, al menos en Argentina, es un día de luto y recuerdo triste de quienes ya no están en este plano.

Por lo tanto la muerte no es ni buena ni mala, simplemente ES. Todo lo demás que le agregues tiene que ver con tu propia manera de observarla y relacionarte con ella.

Si profundizamos esta mirada, podremos descubrir que para que algo nuevo nazca (una relación, un trabajo, una manera de ser diferente) antes tiene que morir algo, de lo contrario será como intentar llenarse las manos con monedas de oro cuando ya las tengo llenas de otras cosas o las tengo cerradas.

Necesitamos soltar lo viejo y abrirnos a lo nuevo (es decir dejar morir lo que no nos hace bien) para darle la bienvenida a todo aquello que decimos querer.

Lo que ocurre es que muchas veces nos pasamos la vida quejándonos de la pareja, el trabajo, el dinero, el país, la salud, pero no estamos dispuestos a dejar las quejas atrás, porque si dejamos de ser víctimas... ¿quiénes seremos? Muchas veces, aunque parezca incomprensible, el pesimismo, la queja y el sufrimiento le dan sentido a nuestra identidad y no estamos dispuestos a dar ese salto. Y lo peor de todo es que cuando estamos desde ese lugar tampoco podemos soportar que otros estén desde el optimismo, la alegría y el amor. Haremos lo imposible por que los demás también se sumerjan en esa miseria elegida.

Por lo tanto, si al leer estas líneas decides que sinceramente quieres dejar atrás esa manera negativa de vivir, entonces necesitas conscientemente decidir qué aspectos tuyos vas a enterrar, es decir cuáles van a morir.

De esta manera, fíjate qué liberador es concebir las pequeñas muertes cotidianas como un trampolín a las versiones más grandes de ti.

Para ayudarte en este proceso van algunas preguntas:

- ¿Qué aspectos de tu personalidad están viejos y obsoletos pero aún te resistes a soltarlos?

  ....

  ....

  ....

  ....

- ¿De qué manera podrías enterrar uno a uno esos aspectos?

  ....

  ....

  ....

  ....

- ¿Qué podría aparecer en ti luego de permitir que esos aspectos mueran?

  ....

  ....

  ....

  ....

- ¿Qué podría aparecer en tus relaciones más importantes (pareja, padres, hijos, amigos) si esos aspectos desaparecieran?

  ....

  ....

  ....

  ....

Aprender a disfrutar de la vida plena y conscientemente requiere de cuestionarte algunos supuestos, como el que quizás tenías sobre la muerte.

Lo que te parecían opuestos, si te animas a ver más allá encontrarás que suelen ser complementarios.

Es tiempo de dejar de interpretar la maravillosa complejidad que somos los seres humanos como si todo fuera blanco o negro, bueno o malo, lindo o feo. Eso ocurre solamente en algunas películas, pero por suerte la vida es muchísimo más interesante.

Para lograr obtener esta mirada más rica e inteligente necesitarás aprender y entrenarte, como toda formación que es valiosa requiere de tiempo y dedicación.

Como dijo Eric Hoffer: "*Quienes estén abiertos al aprendizaje heredarán la tierra, mientras que quienes crean saberlo todo, se encontrarán maravillosamente equipados para operar en un mundo que dejó de existir*".

GUÍA PARA APRENDER A DISFRUTAR EN TIEMPOS DE CRISIS

> *"Cuando el hombre puede cuestionarse los problemas de su vida, es porque ya tiene la base para poder resolverlos."*
>
> *Anónimo*

Hace tiempo que venimos escuchando y leyendo en todos los medios sobre la crisis global, y por primera vez no es un tema de países subdesarrollados ni latinoamericanos.

Por primera vez la crisis es mundial, y a quienes más impacta precisamente son a aquellas culturas que no están habituadas a moverse fluidamente con los cambios, paradojas y contradicciones que caracterizan a nuestra naturaleza humana.

Lo que está ocurriendo afuera es un maravilloso reflejo de lo que nos ocurre individualmente: Quienes más acostumbrados están a fluir con los cambios de la vida, menor impacto negativo tienen éstos en su estructura psico-física-emocional; y cuanto más dispuestos estamos a tomarnos los cambios como lo natural de la vida podemos encontrar ventajas y crecer a partir de ellos.

Se ha popularizado bastante la noción de la palabra *crisis*. Según los diccionarios occidentales se define aproximadamente de la siguiente manera: "*problema, conflicto o situación delicada en el desarrollo de un proceso que da lugar a una dificultad*". Mientras que para las culturas orientales, la misma palabra tiene un doble significado: "*problema u* ***oportunidad***". Y esta segunda interpretación no depende del diccionario que la tome ni del hecho ocurrido en sí, sino de ***la capacidad de la persona de poder encontrar aprendizaje y crecimiento ante cualquier evento.***

A continuación entonces encontrarás una guía con 10 ideas para aprender a disfrutar en tiempos de crisis y poder tomar estímulos externos aparentemente difíciles como desafíos para estar mejor:

1. Estar dispuesto a **soltar la creencia de "*yo sé cómo son las cosas*"**, ya que desde ese lugar es imposible abrirse a nuevos paradigmas. Una buena forma de poder lograrlo es observar a personas diferentes a nosotros que se toman el mismo hecho de una manera opuesta a la propia. Esto nos confronta con que lo que ocurre afuera no tiene una única respuesta, y que la propia forma de reaccionar no es la única ni la verdadera, y por lo tanto, posible de modificar.

2. Tener el valor y la humildad de **pedir ayuda** cuando no encuentro una salida, una forma nueva y distinta de ver las cosas. Hasta que no puedas animarte a ver la crisis de una forma diferente, las conclusiones a las que llegarás serán siempre las mismas. Y para acceder a ver con otros ojos, necesitas pedir ayuda a personas que tengan esa facilidad ya desarrollada (es decir, pedirle a un familiar o un jefe pesimistas, en vez de ayudar, va a profundizar aún más el laberinto de problemas del cual no sabemos cómo salir).

3. Existe un requisito esencial para adquirir maestría en cualquier aprendizaje nuevo: **Práctica, práctica y práctica.** Esto significa que si las primeras veces que intentas mirar con otros ojos la crisis y realizar acciones que no estabas acostumbrado, no te salen bien y por lo tanto abandonas el camino porque no soportas sentir la incomodidad... entonces lo que sucederá es que nunca podrás tomarte los espacios de crisis como oportunidades y caerás como la gran mayoría, en la interpretación de que una crisis es sólo para empeorar las cosas. Necesitamos aprender a sostenernos en los aprendizajes nuevos, practicando con recurrencia a lo largo del tiempo.

4. **Encontrar ejemplos de personas que ya hayan logrado** lo que hoy te resulta imposible o muy difícil de conseguir: ganar dinero cuando todos dicen que no es oportuno, apostar a un viaje y darte un gusto sin temor al futuro, conversar con aquella persona con la que estás *en crisis* sin esperar a que llegue el "momento", buscar un nuevo trabajo, etc, etc. Siempre hay personas que ya se animaron a dar ese paso, y nos pueden inspirar. Sólo es cuestión de comenzar a mirar alrededor.

5. **Estar dispuesta/o a reírte de ti misma/o** cada vez que las cosas no salgan como lo esperabas. Para esto es necesario animarnos a dejar el ego que siempre se queja y se siente ofendido de cualquier estupidez y, en vez de eso, respirar profundo y comprender que todo en la vida forma parte de un juego.

6. **No esperar fórmulas mágicas desde afuera,** y por el contrario hacerte la siguiente reflexión: "*¿Cuál es mi parte de*

responsabilidad para haber llegado hasta aquí?", es decir, ¿de qué me hago responsable? Si no me hago responsable de nada y los demás tienen "la culpa" de todo (el país, mi pareja, mi jefe, mis padres, etc) entonces jamás podrás salir de tu crisis personal ya que sólo podemos transformar aquello de lo cual nos hacemos cargo.

7. **Buscar contextos de gratificación, alegría y tranquilidad**, ya que para salir de un espacio de crisis, necesitamos comenzar por lo más obvio y accesible: el contexto externo. ¿Qué caracteriza un contexto?: el lugar físico, la iluminación, el sonido ambiente, las conversaciones, las ropas que utilizas, la comida que ingieres, el contacto con la naturaleza, actividades que te resulten placenteras, etc. Si los contextos en los que vives hoy (trabajo, familia, pareja, amigos, descanso) no son los que más te gustan... ¿qué esperas para crear nuevos?

8. **Conectarte con el cuerpo y la emoción a través del deporte y el arte.** Tanto las actividades deportivas de todo tipo como las artísticas (baile, canto, pintura, teatro, cocina o cualquier actividad que se haga artísticamente) nos conectan con el mundo de las "*sensaciones*". Y cuando estamos en los sentidos, dejamos de estar en la cabeza, que es la que nos lleva a no poder salir de las crisis. El corazón y el cuerpo siempre saben, la que duda y te inmoviliza es la mente.

9. **Ir al terreno de la acción AHORA.** Esto implica decidir hoy mismo con qué acciones específicas y concretas vas a iniciar un camino de crecimiento gracias a la crisis.
   Una vez que termines de leer este libro, o mejor dicho, este capítulo, ¿qué vas a hacer?: ¿vas a hablar con alguien

que no te animaste hasta ahora, vas a inscribirte en ese curso pendiente? Si no vas a hacer nada, entonces no te quejes y acepta los precios que se pagan por quedarte donde estás. Como dijo Goethe: *"Aquello que puedes hacer, o sueñas que puedes hacer, comiénzalo. La audacia tiene genio, poder y magia. Comiénzalo ahora"*.

10. **Imprimir esta "*Guía para aprender a disfrutar en tiempos de crisis*" y... quemarla!!**
Así como lo lees, aunque te suene extraño o poco convencional. Si luego de leer este texto y para hacerle frente a la crisis, todo lo que haces es imprimirlo y pegarlo en la heladera... te está faltando lo más importante: EL PLACER DE HACER. Todo esto es para tenerlo presente y luego es como salir a bailar: *para disfrutar del baile no importa contar los pasos sino gozar del encuentro con el otro.*

"No es porque las cosas sean difíciles que no nos atrevemos. Es porque no nos atrevemos que las cosas son difíciles."

Séneca

MI APRENDIZAJE DEL DISFRUTE

"He decidido ser feliz, porque además, es bueno para la salud."
Voltaire

Elegí contarte una etapa de mi historia que tiene relación con la capacidad de encontrar el disfrute y el sentido, luego de haber trascendido el sufrimiento.

He decidido compartir algunas de mis heridas porque ellas han sido mis maestras más importantes. Estoy muy agradecido a los dolores, las oscuridades y las veces que me he sentido perdido a lo largo del camino porque ha sido en esas instancias donde me conecté con mi esencia, con ese sentido profundo y trascendente que le ha dado y le sigue dando una perspectiva maravillosa a lo que hago y lo que soy.

Muchas veces las personas tenemos una imagen externa que no logra transmitir nuestra alma en su totalidad, y eso es precisamente porque lo más esencial de nosotros está más allá de nuestra apariencia. En lo personal, sé que tengo la imagen de un hombre con facilidad de sonrisa, como si hubiera nacido sin problemas. Pero si observas un poco más allá, como con cualquier persona, vas a poder descubrir que siempre hay algo más.

En mi mirada está la alegría conquistada luego del sufrimiento trascendido, después de haber comprendido que el dolor es inevitable pero que el sufrimiento es opcional, y muchas veces es una trampa.

Cuando descubrí esto, se me abrieron las puertas de la libertad de par en par, y el amor genuino comenzó a manifestarse en todas sus formas con las diferentes almas que fueron coincidiendo en mi camino. Siempre sentí que lo fundamental era conectarme y conectar a los demás con la capacidad de disfrutar de la vida.

Deseo de corazón que puedas leer las próximas líneas como si el ser que más quieres te ofrece un regalo por escrito, un tesoro a conservar y respetar.

No es mi intención ventilar parte de mi vida para hacer catarsis sino por el contrario, es una manera de compartir contigo los aprendizajes de mi alma para que, ojalá, pueda serte de utilidad como lo fue en su momento para mí escuchar honestamente las vivencias de otros.

Contar esta parte de mi historia no ha sido fácil, requirió de mí animarme a soltar el cuidado de mi imagen, el temor al qué dirán y todas esas *pre-ocupaciones* que se relacionan con la inseguridad y con el que te dejen de querer.

Yo vengo trabajando hace años con muchas personas de diferentes países y empresas, y cuando nos mostramos abierta y honestamente puede ocurrir que a algunos no les guste. Pero después de varios años siento que ya no tengo nada que perder.

¿Y si a una empresa o persona no le gusto así?... Bienvenido sea, porque si esa relación funcionaba "aparentemente bien" y luego se termina, qué bueno que así haya sido porque esa relación no tenía cimientos.

A su vez también las personas que han ido apareciendo, llegan con una frescura y sinceridad mayor, y eso es tan lindo...

Por eso siento que la autenticidad desde el amor siempre es satisfactoria. Cuando podemos estar en la vida desde la actitud de ***nada que perder***, significa que estamos en el ***todo por ganar***. Y esto da libertad, poder y disfrute.

Esta introducción la escribo para generar el contexto en el que me gustaría ser leído, que puedas estar en un espacio de tranquilidad, reflexión y con apertura en tu corazón. Desde esa emoción podrás sacarle más provecho a lo que viene. Así que te invito a que hagas unas respiraciones profundas y te dispongas a encontrar en mi historia, ***tu propia herida a ser sanada***. Y más allá de todo, ¡deseo que la disfrutes!

"Yo era un niño de ojos grandotes color café, que absorbía con la mirada todo cuanto pasaba delante de mí. Me gustaba mucho escuchar música en la tele y en el tocadiscos marca *Winco* (en aquella época no existía el CD ni mucho menos el MP4). Miraba los dibujitos animados cuando regresaba del colegio, mientras tomaba la leche chocolatada con tostadas untadas en manteca y miel, y me encantaba mirar las series *Mister Ed, La Familia Ingalls, Bonanza, La Tribu Brady, Hechizada* y por supuesto *Señorita Maestra* (que era la versión moderna de *Jacinta Pichimahuida*).

Era un alumno ejemplar, siempre me sacaba buenas notas y nunca me llevaba ninguna materia. Solo a veces tenía bajas calificaciones en *conducta* porque conversaba demasiado en clase con mis compañeros.

Los fines de semana jugaba mucho con mis primos Martín, Laura, Andrés y Esteban a las escondidas, la mancha, a la ronda que nos caemos y hacíamos que vendíamos fruta y verdura entre nosotros mismos con las flores y hojas del jardín. Nos encantaba trepar a los árboles y en el verano tirarnos de bomba en la pileta.

Soy el hijo menor de tres hermanos, y como suele ocurrir con los hijos menores, fui quien recibió una educación un poco más relajada. Siempre fui la alegría del hogar, el cómico de la casa, y ese rol que fue surgiendo naturalmente, lo mantuve luego por mucho tiempo. Nací y crecí en un barrio de clase media acomodada, tuve la suerte de recibir una educación formal completa, y de sentir el amor, cuidado y calor de hogar de mis padres y mi entorno durante toda mi niñez.

A partir de los 10 años aproximadamente, me convertí en "el gordito" de la clase. En esos años y los siguientes —y hasta que pegué el estirón en la adolescencia— aprendí lo que es sentirse excluido y comencé a no gustarme cuando me miraba en el espejo.

Yo era de los chicos que, cuando se formaban los equipos para jugar al fútbol, era siempre al último que elegían. A medida que fue llegando la pubertad, mi sufrimiento se fue incrementando porque llegaban las bromas de los demás y mis juicios negativos sobre mí.

El paso de la escuela primaria a la secundaria fue un golpe importante porque pasé de estar en un colegio privado residencial al Liceo Militar. Si bien ya he contado mi experiencia del secundario en el libro anterior *, lo que deseo agregar aquí es que

* *El alma tiene sus razones*, Ignacio Trujillo, Ediciones del Dragón, 2007.

ya en esta temprana etapa de mi vida comencé a sentir los primeros sufrimientos que me servirían luego en mi vida adulta.

Como sucede en la película "*Pequeña Miss Sunshine*", un adolescente de 15 años deprimido, le comenta un día a su tío que lo que mas quisiera sería poder dormirse y despertarse cuando ya tuviera dieciocho años; a lo que su tío le responde: "*Si sucediera eso, te perderías los sufrimientos más importantes, ya que en esta etapa se sufre y se cambia mucho, y esos sufrimientos serán los que te posibilitarán crecer, hacerte fuerte y convertirte en un hombre*".

Así fue que inicié el secundario en el Liceo Militar, motivado por el hecho de que habían ido mi papá y mi hermano, pero sin la capacidad para escucharme y darme cuenta que no era lo que quería.

En aquél entonces yo era un chico dócil, obediente y desesperado por cumplir las expectativas de mamá y papá. Podría haber dicho que no quería ir, que prefería quedarme en el colegio donde estaba, pero esa posibilidad ni siquiera se me cruzó por la cabeza. Para mí, había que cumplir con el "mandato", sea como fuere.

A mis 13 años comenzó una etapa un tanto difícil, que se extendió hasta finalizar el colegio, a los 17. Fueron cinco años de vivir pupilo, alejado de la calidez de mi hogar. Allí aprendí que existían otros mundos muy diferentes a los que había conocido en el colegio primario. Los gritos, el defenderse a la fuerza, la represión de los sentimientos y de todo lo que indicara sensibilidad, fueron la moneda corriente durante esos cinco años.

Yo vivía encerrado en el Liceo desde el domingo a la noche hasta el viernes a la tarde y estaba en casa sólo el fin de semana.

Con el tiempo, estando allí, comencé a sentir la misma vivencia que tienen los presos: me sentaba en un patio rectangular rodeado de aulas y miraba al cielo que estaba justo arriba mío. Llevaba mi mirada por las nubes y allí me quedaba mirando esa parte de cielo "libre".

En la primaria era "el gordito" y en la secundaria era "de otro barrio y de otra educación", donde decirse *te quiero* y abrazarse (que era lo que yo había aprendido) no estaba habilitado en esa institución.

Pasaron esos años, y a mis 17, terminé la etapa del secundario —más dolorosa de lo que en su momento me pareció— y comenzó la nueva etapa de mi vida donde elegí cada paso, como la carrera y los sueños.

Por esto es que evoco aquella etapa del secundario, porque fueron cinco años viviendo en un lugar donde descubrí y aprendí el dolor de la soledad, el alejamiento de mi hogar y la sensación de ajenidad con mis compañeros y con la institución.

En esa época comenzó a florecer mi despertar sexual, y con él un mundo de contradicciones, búsquedas y temores.

Tuve el privilegio de tener relaciones sexuales y de pareja tanto con mujeres como con hombres, y digo precisamente el *privilegio* porque he aprendido una infinidad de los mundos femeninos y masculinos que todos llevamos dentro. Con los años, elegí compartir mi vida con un hombre, mi actual compañero hace más de 15 años.

Pero en mi adolescencia no lo vivía todavía como un privilegio sino como un pesar, ya que fueron años de vivir ocultando lo que sentía. Era tan fuerte el mandato interno de lo que debía ser que casi enmudecía la voz del corazón.

Como he tenido por mucho tiempo la imagen de un hombre formal, adecuado, correcto y de buena familia, más difícil aún me resultaba en esos años unir esta parte visible con la otra parte: el artista, bohemio, libre, provocador y políticamente incorrecto.

Fueron años de convivencia de ambas partes, al principio esas partes luchaban entre sí, luego se resignaron, después comenzaron a aceptarse y actualmente se divierten y disfrutan una de la otra y juntas me han ayudado a pasar del hombre dividido que fui al que soy hoy: un alma que disfruta las paradojas y busca la unidad en mí y en el mundo que me rodea.

Cuando terminé el colegio secundario y comenzó la etapa de la carrera universitaria, el teatro y la diversión en libertad, también se inició en mí la búsqueda de comprensión de mis emociones.

Fueron años que me sirvieron para descubrir y comprobar que aquella sensación de insatisfacción no desaparecería acostándome cada vez con más personas, y que no se iría con nada proveniente de afuera.

Mientras tanto mi búsqueda espiritual estaba circunscripta solamente a la religión, y ésta, en vez de brindarme respuestas de amor y apertura, me señalaba pecados y castigos.

Fue justo en esos momentos cuando apareció en mi vida lo que se convirtió más adelante en mi GRAN maestro: el hiv (virus de inmunodeficiencia humana) (está escrito en letra minúscula no por error sino por elección).

Tenía veintiún años cuando decidí hacerme el test de hiv, luego de conversarlo con Nora, mi terapeuta de ese entonces a quien le estoy muy agradecido.

Fue en aquella época donde, conversándolo con ella, decidí hacerme el análisis, con la absoluta seguridad de que me iba a dar negativo, y después compartiría con mis amigos lo valiente que había sido.

A esa altura de mi vida había tenido relaciones sexuales con mujeres y hombres y casi siempre me había cuidado, es decir, sexo con preservativo, pero mi no cuidado hizo que esos "casi" me contagiaran el hiv.

En esa época (fin de los ochenta) hablar de hiv era relacionarlo directamente con sida (también está escrito en letra minúscula no por error sino por elección) y luego con muerte. Es decir, era algo demasiado grande para poder comprenderlo con la cabeza y el corazón de un chico de veinte años que no se había drogado nunca, que era estudioso, bueno y disfrutaba estar en familia.

Recuerdo cuando fui a retirar el análisis que me había hecho en un laboratorio; era un sábado de diciembre, faltando una semana para Navidad. Al llegar al lugar para retirarlo, la señorita que atendía me pidió mi nombre. Fue a buscar un sobre y me lo entregó.

Al salir del lugar, abro el sobre y leo que el resultado dice que tengo una cantidad *x* de copias en sangre. No entendía que quería decir eso, ya que pensaba encontrarme con un papel que dijera positivo o negativo. Por lo tanto di media vuelta y regresé al lugar a preguntar si eso que leía quería decir *negativo* ó *positivo*. La chica que tendría más o menos mi edad me responde con una naturalidad como si hubiera preguntado si hablaba español, y me contesta: "*Sí, es positivo*", y siguió con sus tareas. No creo que por mala predisposición sino por desconocimiento y temor de qué y cómo hablar del tema.

Así salí del lugar, con el alma desencajada y más confundido que nunca, fui al automóvil y me quedé sentado en el asiento del conductor, sin inmutarme, estaba paralizado, no tenía registro de nada. Era como si me hubieran congelado. No recuerdo cuánto tiempo me quedé así, pero debe haber sido bastante, porque cuando volví es como si hubiera despertado de una pesadilla, sólo que sentía que seguía dentro de ella.

Recién ahí pude reaccionar y empecé a llorar como un niño con la cabeza apoyada en el volante; no entendía nada, no comprendía, sólo me aparecían las preguntas: *¿Porqué a mí? ¿Porqué ahora? ¿Qué hice para merecer esto?*

Con el tiempo me di cuenta que la primera reacción de quedarme congelado fue una sana manera que encontró mi cuerpo y mi alma de atemperar el enorme impacto que había significado la noticia.

Una vez que pasó el impacto de la noticia dentro del automóvil, conduje hasta mi casa y gracias a Dios no había nadie, no estaban ni mis padres ni mis hermanos, ya que no hubiera podido aguantar ni disimular lo que me pasaba. Lo único que tenía en claro en ese momento era que no lo compartiría con nadie más que con mi terapeuta, ya que sentía que apenas podía conmigo. Necesitaba estar solo.

Así fue durante los dos años siguientes, nunca, nadie lo supo excepto Nora.

En esos años fui a diferentes grupos de auto-ayuda. Pero no me encontré bien en ninguno, ya que sentía que el más optimista siempre era yo. Hasta que, buscando, fui encontrando personas y lugares maravillosos donde me ayudaron a ampliar mi mirada.

A partir del hiv, se iniciaron en mi vida una serie de búsquedas y acontecimientos, que jamás me hubieran sucedido, o no los hubiera buscado, sino hubiera existido un estímulo externo tan fuerte y poderoso que me obligara a replantearme absolutamente *todo*.

Este evento puntual fue para mí el derrumbe de mis propias torres gemelas que cayeron, dejándome en un principio angustiado y temeroso.

Con el hiv, se cayeron mis certezas sobre el futuro y el presente, eché por tierra la sensación de inmortalidad típica de alguien de la edad que yo tenía en ese momento.

En aquél entonces yo trabajaba en una agencia de publicidad y estudiaba teatro. A partir de esta movilizadora noticia, decidí dejar la agencia donde trabajaba y me dediqué durante más de un año a vivir por y del teatro.

Allí, Carlos Gandolfo fue mi maestro y guía no sólo en lo teatral sino y especialmente en el arte del buen vivir.

Carlos y Nora fueron las personas que supieron y me acompañaron, por mi propia decisión, durante los dos primeros años de convivencia con el hiv.

Recuerdo que cuando me enteré de la noticia, era fin de año, y durante todo ese mes de enero estuve sumido en una rara sensación de estupor, incredulidad y con la diaria sensación de agobio al levantarme cada mañan. Me aparecía una voz interna cada vez que abría los ojos que me decía: "*Dios mío, otra vez con esto, otro día más para lidiar con esta pesadilla*".

Llegó febrero de ese año y sentí que necesitaba alejarme de la ciudad y los espacios donde me había desequilibrado tanto. Entonces me fui de descanso una semana a un hotel en Brasil, para conectarme con lo que había perdido: el disfrute, la belleza, el juego, la paz.

Fue estando allí donde comprendí desde mi alma cuán reconfortante y sanadora puede ser la "estética", no solamente desde el punto de vista físico, es decir el verme lindo y gustarme, sino muy especialmente hacer cosas que me gratifiquen y embellezcan mi alma, mi cuerpo, mis pensamientos, mis conversaciones.

A partir de esta época comencé a hacer elecciones que antes no podía, no quería o no me animaba. Elegí decir NO a bastantes personas y situaciones, privilegiando mi equilibrio interno antes que "quedar bien" ante los demás.

Estando entonces en aquel hotel de Brasil, comprendí algo esencial para mí. Desde la noticia en diciembre sobre el hiv, hasta mediados de febrero, me había olvidado de lo que era *sonreír* y *disfrutar*, dos valores que siempre habían sido esenciales en mi vida. Una de las noches en Brasil, los huéspedes que querían, podían preparar un espectáculo en el auditorio del lugar para todo el hotel, con vestuario, dirección, música y luces que el hotel mismo aportaba.

Por supuesto que las cosas no son gratuitas y pagamos precios por las elecciones que tomamos. Pero ha sido tremendamente gratificante para mí, a partir de ese momento, pagar los precios por hacer lo que amo y me hace bien. Esta sensación sigue impresa en mi ser, grabada a fuego, como una frase de Carlos Castaneda que dice: *"Mira y observa todos los caminos de cerca. Hazlo tantas veces como creas necesario. Después pregúntate a ti mismo, y sólo a ti mismo lo siguiente: ¿Tiene para mí este camino corazón? Si lo tiene, el camino es bueno; si no lo tiene, no sirve para nada"*.

Ante la propuesta, sentí que era una buena oportunidad para reconectarme con lo teatral y hacer algo emocionalmente distinto a lo que venía haciendo los últimos meses.

Había una parte mía que decía: "*Cómo vas a subir a un escenario y mostrarte alegre si estás MAL, estás de duelo contigo mismo*".

También existía la otra parte que decía: "*¿Porqué no? Tú eres muchísimo más que el hiv*".

Escuché mi segunda voz y esa noche algún ángel tocó mi corazón, ya que cuando terminó la función, y el clima era de festejo, en ese preciso momento me di cuenta que me estaba riendo a más no poder, y en ese instante el problema del hiv no existía.

Allí me di cuenta de otra perlita en mi vida: ***El Arte "salva"***, toda expresión artística hecha con pasión, cura y fortifica.

A partir de allí, jamás dejé de estar en contacto con alguna forma de expresión artística, todas valen.

Gracias que existen los poetas, los músicos, pintores, actores, bailarines y quienes hacen su actividad con arte, porque son ellos quienes le dan color a nuestra vida.

Y me siento orgulloso de decir que yo también formo parte de ellos, los artistas.

Como decía Enrique Pinti en su espectáculo "Salsa Criolla": "*Pasan los años, pasan los gobiernos, quedan los artistas...*"

Si tuviera que elegir un sólo aspecto de mi formación para describirme, sin duda alguna me definiría como **artista**, antes que Licenciado o cualquier otro estudio que haya incorporado.

Con el tiempo, me fui animando a conversar con mis padres, con los amigos más cercanos y siempre recibí amor y comprensión a cambio.

Cuando decidí tener aquella primera conversación con mis padres sobre la sexualidad y el hiv, fue el más amoroso aprendizaje que he tenido en mi vida. Después de esa hermosa y sanadora conversación, recuerdo que me pregunté: "*¿Porqué tardé tanto tiempo en abrir esta conversación, para que estuve tantos años resistiendo este sufrimiento innecesario?*" A partir de allí elegí conversar sobre estos temas con quienes sentí en cada momento que estaban listos para recibir la noticia como un regalo.

Hoy ya no necesito contarlo para ser querido y aceptado, hoy necesito compartirlo para que le pueda servir y ayudar a quien lo lea, ya que en aquellos primeros años varias personas y libros que se cruzaron en mi camino me ayudaron muchísimo a sanarme y crecer. Y siento que ahora me toca a mí, todo en la vida tiene que ser circular, no podemos vivir recibiendo, también necesitamos dar. En ese círculo maravilloso es donde el verdadero disfrute se hace completo y se despliega. Como verás, lo que escribo no tiene que ver solamente con el hiv, tiene relación con el poder trascender el dolor y disfrutar de la vida.

Como trabajo permanentemente con seres humanos con diferentes síntomas, sé que hay muchas personas que no les ha sucedido como a mí, y que se han sentido rechazadas por una enfermedad, una condición sexual, racial, social, etc. Pero eso no debe ser un justificativo para quedarse en el sufrimiento, es nuestra tarea buscar los espacios y las relaciones que nos abran los brazos y nos hagan bien.

Con el tiempo, durante los siguientes diez años, fui aprendiendo a convivir con la idea de que me podía morir en cualquier momento. Si bien todos vivimos con esa incertidumbre, el análisis médico significaba en aquella época que me podría enfermar de un momento al otro, y ser fatal. Eso jamás ocurrió, y con el paso de los años fui aprendiendo a soltar el temor a enfermarme y el miedo a que no me quisieran.

Fueron diez años donde me animé a trabajar exclusivamente en lo que me gustaba, comencé una relación de pareja que mantengo al día de hoy con mi querido compañero de vida, hice especializaciones y cursos para vivir mejor no sólo yo sino para asistir a otros, y gané en auto confianza y prosperidad. El miedo en general fue reemplazado por el amor en particular.

Otro momento importante en aquél proceso de reconquista del disfrute fue cuando, habiendo pasado estos diez años, el médico con el que me hacía los chequeos de rutina me comentó que había venido al país un grupo de investigadores científicos canadienses y americanos especialistas en inmunología, y estaban observando a aquellas personas que "*inexplicablemente*" con el paso de los años, no sólo no se enfermaban sino que el sistema inmunológico se mantenía igual o incluso mejor.

En esa época ya me encontraba más consciente de las causas por las que mi fisiología y mi salud escapaban a lo que esperaban los médicos. En esos años (mediados de los 90) el discurso médico tradicional era que a los diez años prácticamente ninguna persona se podía mantener sana, y que el virus "*despertaba*" como plazo máximo luego de ese tiempo, lo que significaba enfermarse y /o comenzar a tener ciertos síntomas que obligaban al paciente a tomar los medicamentos conocidos popularmente como *cocktail de drogas*.

Hoy han pasado 20 años, siempre estuve sano, jamás tomé esos medicamentos, y los virus "*despertaron*" pero no en el sentido al que se referían algunos médicos sino en el sentido que despertaron en mí unas ganas de crecer, aprender, comprender y tomar el estímulo externo aparentemente negativo como un aliado y una guía, en vez de algo a lo que hay que aniquilar. Incluso, "*inexplicablemente*", muchas veces los análisis clínicos dan como resultado negativo, es decir, inexistente. Pero ya eso no me importa.

El tiempo fue y sigue siendo un maravilloso sanador y maestro, puesto que fue el que hizo que estas sensaciones fueran cambiando.

Por supuesto que no fue el tiempo como por arte de magia; sé que puse mucho de mí para salir de ese estado emocional, pero no fue sólo mi aporte, también los trabajos personales con ayuda de profesionales, meditaciones, prácticas corporales y emocionales y sobre todo el AMOR, en todas sus facetas: el amor de mi pareja que me mostró en la relación un espejo de mí mismo lleno de fuerza, alegría y liviandad, el amor de mis padres que me hizo sentir siempre querido y apoyado simplemente por ser su hijo Nacho, el amor de mi hermana que siempre aportó su amorosidad de mujer serena y el amor de los amigos que fueron los hermanos elegidos que la vida me regaló. También el amor de Dios, el Universo o como lo quieras llamar, ese misterio maravilloso que me hace ver la belleza y la unidad con mayor facilidad y finalmente el amor al trabajo que realizo me ha posibilitado desplegar la misión por la que vine a este mundo, que va mucho mas allá de quedarme en la pequeñez de mis problemas.

Tanto he aprendido desde aquellos tiempos... Y tanto es lo que quisiera transmitirte con amor para que sea un aliciente en tu camino de búsqueda...

Creo que muchas veces somos nosotros mismos los que más nos auto-descalificamos o perjudicamos, pero por lo general es más fácil poner el problema afuera. Es tal el temor a ser rechazados y no ser queridos, que nos quedamos en espacios de dolor que podrían perfectamente ser transformados por otros de placer.

No niego los innumerables espacios de intolerancia que vivimos hoy en día, simplemente agrego que muchas veces lo que hay afuera es una proyección de lo que tenemos dentro.

Desde la época en que dejé de vivir en un ostracismo y comencé a mostrar mi alma en su completitud, empecé a tener relaciones de amistad, laborales y de pareja más sinceras y enriquecedoras.

Desde la desconfianza, es imposible sumergirse en las grandes aguas de la transformación personal y mucho menos organizacional.

Sólo desde la confianza existen del otro lado de la orilla, islas y oasis para disfrutar. Es como el parto, el bebé no tiene la menor idea de qué es lo que lo espera afuera; sin embargo existe en él una fuerza que le hace seguir para adelante. Eso es lo que hace falta para crecer y aprender a un nivel profundo y comprometido.

Y es tan placentero encontrarse con personas que viven la vida desde el coraje y la confianza; ya que desde lugares pesimistas, negativos y "realistas" la calle está llena.
Pero también hay muchas más personas de las que creemos que están dispuestas a dar un primer paso hacia un mundo de relaciones más satisfactorio. Sólo es cuestión de comenzar a ver en las personas de una manera diferente.

Es natural al ser humano desafiarse sus límites e ir más allá de lo que conoce, sólo que el temor que nos aparece de adultos nos inhibe este impulso vital de coraje y confianza.

Hoy sigo siendo aquél niño con ojos grandotes color café, bastante más alto, pero con la misma necesidad de dar y recibir amor. Ha pasado mucha agua bajo el puente, pero mi capacidad de asombro sigue intacta.

Las series de TV que veía de pequeño se dan en el canal *Retro* y mientras escribo en mi notebook, ya no escucho música en discos de vinilo sino la que sale de los parlantes de mi computador, pero sigo disfrutando del abrazo de mamá y papá y si bien sus manos ya están llenas de pecas, cada vez que los encuentro vuelvo a ser el mismo niño ilusionado por ir a pasear en bicicleta y tomarme un helado de chocolate.

Gracias por haberme leído con el mayor cariño del que eres capaz. Te abrazo con todo mi amor, y para finalizar quiero despedirme con esta frase que me llegó hace un tiempo: ***"La vida no es esperar a que la tormenta pase... Es aprender a bailar bajo la lluvia. Tu ACTITUD es TODO."***

DESPEDIDA

> *"Un libro, una pintura no se terminan nunca, simplemente se detienen en sitios interesantes."*
>
> Paul Gardner

Existe un común denominador en todos los que somos buscadores de disfrute: ***UNA HERIDA SANADORA***, es decir, algo que nos hizo replantear el curso de acción y nos posibilitó abrirnos camino a nuevas y mejores formas de vivir y de ser.

Esa herida fue la que me conectó con la pregunta. ***"¿Y si hoy fuera mi último día?"*** Esta pregunta luego fue la que me posibilitó acceder al disfrute porque no tenía ***NADA QUE PERDER***, dado que lo más valioso (la vida) era lo que estaba en juego.

Hoy comprendo que el disfrute más pleno y honesto es aquél que no esquiva el dolor, pero que no permanece en él.

Disfrutar es llorar como loco, luego quedarse en silencio y después poder reír a carcajadas.

Disfrutar es estar presente, es reconectar con los sentidos cuando la mente quiere irse al pasado o al futuro. Es decidirse a ser quien quieras ser, y seguir adelante más allá de lo que opinen los demás.

Disfrutar es elegir como prioritario los sueños propios más que los juicios ajenos.

Disfrutar es también aprender a estar en paz no sólo con quien soy, sino con quienes son los demás.

Para mí el disfrute es la prioridad número uno en lo que hago; eso no implica estar siempre contento sino estar lo mas conciente y honesto posible en las elecciones de cada momento.

En definitiva, si la vida no ha sido diseñada para ser disfrutada.... ¿para qué sino?

Y como la vida no viene con un sentido previo, somos cada uno de nosotros quienes necesitamos aprender a adjudicarle ese sentido.

Entonces, si hoy comenzaras a decidir que la vida es mucho más que levantarse con el despertador, trabajar 10 horas y descansar los fines de semana... ¿Qué sería?

Si lo tuvieras que escribir ahora mismo, ¿cómo completarías esta frase?:

A partir de hoy, la vida será para mí ....
....
....
....

Con respecto a la **herida sanadora**, si te aparecieron en algún momento de tu vida preguntas del tipo: *¿Porqué a mí,* *porqué ahora, que hice para merecer esto?*, te ofrezco a continuación otras que me aparecieron con los años:

¿Porqué no a mí?
¿Para qué me puede haber llegado esto a mi vida?
¿Cómo es que permití que esto sucediera?
¿Qué necesito aprender de esto?

En relación al descubrimiento de la alegría y el arte cuando me fui de descanso a Brasil, comencé a darme cuenta que no sólo nos alimentamos de comida. De hecho, estemos conscientes o no, diariamente elegimos qué incorporar dentro de nuestro organismo con lo que tomamos y comemos.

Pero además de comida, me di cuenta que alimento mis ojos con las películas que veo, los programas de TV que miro, y los diarios y libros que elijo leer, también alimento mi piel con la ropa y las telas que visto y con las caricias que doy y me dan.

Alimento mis oídos con diferentes músicas, voces y conversaciones. Alimento mi alma con el mundo de relaciones y personas con las que me rodeo. Alimento mi espíritu con meditaciones, relajaciones, etc.

Por eso, te ofrezco las siguientes preguntas no sólo para que las leas sino para que te detengas a reflexionar y escribir:

¿Cómo y con qué te alimentas cada día?: ....
....
....
....
....

¿Eres consciente de con quiénes te relacionas y qué tipo de relaciones generas? ¿En este sentido, qué cambios desearías hacer?: ....
....
....
....
....

¿Qué tipo de conversaciones sueles tener contigo mismo /a?: ....
....
....
....
....

¿Y con tus seres queridos?: ....
....
....
....
....

Recuerda que TODO es alimento, todo es energía que ingresa y egresa por nuestros poros y nos va conformando.

Es mi intención que, luego de haber leído mi historia, no te quedes en la curiosidad sobre mi vida, sino que te sirva para preguntarte:

¿Cuál es tu propia herida sanadora?: ....
....
....
....
....

¿De qué no estás pudiendo conversar y con quién?: ...
....
....
....
....

¿Cuál es la libertad que deseas conquistar?: ....
....
....
....
....

¿Cómo podrías transformar lo que hoy te duele en un portal para el disfrute?: ....
....
....
....
....

¿Cómo podrías conquistar la actitud en la vida de no tener **nada que perder**?: ....
....
....
....
....

Si has llegado hasta aquí, luego de leer todo el libro es porque definitivamente estás lista /o para dar un paso más y hacerte cargo de la versión más grande y poderosa de ti. Definitivamente ya es tiempo para ti de acceder a lo que todos quieren y pocos obtienen. Deseo poder ser el viento bajo tus alas cuando te eches a volar.

Y recuerda llevar siempre esta pregunta en tu bolsillo para leerla en aquellos momentos donde nuestro ser mezquino nos aceche:

"¿Cómo podrías adquirir la actitud de *DISFRUTAR como si hoy fuera tu último día*?"

BONUS TRACK

"La historia de una mujer sobreviviente del holocausto"

La historia que encontrarás a continuación ha sucedido tal cual la leas, desde la primera hasta la última letra. Se trata de la historia de Myriam Kesler, sobreviviente del holocausto.

¿Porqué esta historia como Bonus Track de un libro sobre el disfrute? Precisamente porque como te fui comentando desde el comienzo del libro, un requisito esencial para conquistar la actitud de disfrute en la vida, es la de llevar las heridas del alma al corazón y convertirlas en heridas sanadoras.

Y qué mejor ejemplo que el de alguien que pasó por una experiencia desgarradora. Si un ser humano puede aprender de algo así y además reconstruir una vida nueva, lo mínimo que debemos hacer el resto es por respeto a la vida, comprometernos a ser felices y hacer felices a los demás.

Te invito a leer lo que sigue con el amor y el respeto que se merece.

MYRIAM KESLER es una mujer de mirada profunda, cuerpo menudo y alma generosa. Es un ejemplo viviente (pese a que ella humildemente lo niegue) de cómo un ser humano puede trascender el dolor más profundo y aún así conectarse con la capacidad para disfrutar de la vida.

Antes de contarte su historia, quiero compartir contigo cómo es que llegué a encontrarme con esta bella mujer, ya que nunca sabemos dónde ni cuándo podemos encontrarnos con oportunidades para crecer y disfrutar, si estamos perceptivos y abiertos a que eso suceda.

Corría el mes de diciembre de 2006, las celebraciones de fin de año se estaban acercando junto con las vacaciones. Me había ido a pasar unos días de descanso a Punta del Este, Uruguay y era una noche de verano, donde habíamos decidido con amigos ir al cine. Me encontraba en la fila para ingresar a la sala, cuando escucho que delante de mí tres mujeres conversaban entre sí con un acento fuera de lo común. Mientras ellas conversaban, un señor alto que también estaba en la fila, se unió a la conversación de estas mujeres, disculpándose por la intromisión, y les preguntó: "*¿Ustedes han estado en el festival?*", a lo que las señoras con cierta mirada cómplice respondieron: "Sí, y*o estuve en Auschwitz y ella en Treblinka*".

En ese instante me confundí bastante ya que no podía unir la palabra "festival" con las palabras "Auschwitz" y "Treblinka". Entonces fui yo esta vez quien disculpándose me uní también a la conversación.

Allí me enteré que, entre quienes pasaron por esa dura experiencia, lo suelen llamar irónicamente como *festival.* A mí siempre me atrajo mucho saber y comprender el horror de esa época, y sobre todo aprender de la fuerza, coraje y valor de quienes sobrevivieron y decidieron construir una nueva vida.

Entonces comencé a conversar con este señor, que fue quien me permitió conocer a Myriam.

Este señor con quien tuve la dicha de encontrarme en la fila del cine se llama Baruj Tenenbaum y es el creador de la Fundación Wallenberg (dicha fundación es una organización no gubernamental sin fines de lucro con sedes en Nueva York,

Jerusalén y Buenos Aires que se dedica entre otras cosas a desarrollar proyectos educativos y de divulgación que promuevan el ejercicio de los valores de solidaridad y coraje cívico que animaron las gestas de los Salvadores del Holocausto).

Raoul Wallenberg es el diplomático sueco desaparecido en enero de 1945 luego de salvar las vidas de decenas de miles de judíos y otros perseguidos por el nazismo durante la Segunda Guerra Mundial. Su web es: www.raoulwallenberg.net .

Volviendo entonces a nuestro encuentro, como la fila comenzaba a avanzar para ingresar al cine, quedamos en seguir la conversación después de la película. Y así fue, al salir nos intercambiamos tarjetas y conversando llegamos a la conclusión que ambos hacíamos cosas parecidas pero desde diferentes lugares: ***aportar conciencia sobre el enriquecimiento que existe en la diversidad.***

Luego de ese fugaz encuentro, me comuniqué con la Fundación Wallenberg y conocí a una mujer amorosa, que en ese entonces trabajaba allí: Silvia Stisman, quien era la encargada de la implementación de los proyectos educativos en relación a la conciencia de solidaridad y diversidad.

Fue Silvia quien me presentó a Myriam Kesler, y luego de encontrarnos y conversar surgió la idea de hacer un encuentro abierto a la comunidad para escuchar el testimonio de Myriam.

Ese encuentro lo realizamos entre la consultora que dirijo junto a mi socio y la fundación. Sinceramente ha sido un encuentro histórico, emocionante y de un gran aprendizaje a la vez. Tuvimos el honor de escuchar y compartir los testimonios de una mujer sobreviviente del holocausto, de las pocas que están con vida y con ganas de contar la historia. Ha sido una oportunidad de conocer y comprender la capacidad del alma humana de trascender el dolor y conectarse con la maravilla de la vida.

Tanto hemos escuchado, leído y visto sobre el tema, pero en esa oportunidad tuvimos el privilegio de escucharlo en vivo y en directo a través de Myriam Kesler: una mujer con muchos años de experiencia, plena de vida, lucidez y amor, y por esa razón es que deseo regalarte un poco de esa vivencia y crecer todos un poco.

Lo que leerás a continuación está tomado de esa conferencia realizada el 6 de mayo de 2008 en el anfiteatro del Colegio Armenio de Vicente López, provincia de Buenos Aires. Está trascripto literalmente como fue el encuentro, por eso verás que el lenguaje es bien coloquial. No quisimos cambiar ni una coma para que llegue a tus ojos y a tu corazón como si hubieras asistido a la conferencia. Gracias por leerla con el mismo respeto y amor con que ella nos regaló este momento.

Ignacio L. M. Trujillo

La historia de Myriam Kesler

"Llevo hablando de esto bastante tiempo. A mis hijos no les había contado nada, pero después del atentado a la Amia, decidí hablar... Y no puede ser que el hombre sea tan estúpido de seguir tropezando con la misma piedra.

Cada vez que cuento mi historia es como si fuera la primera, les confieso que estoy arrugada de miedo, porque en la invitación me tiraron flores, y yo digo, ¿no se van a ir decepcionados si no estoy a la altura de lo que tengo que comunicar?

Cuando hablo en escuelas, les digo que yo no he visto matar a nadie. No he estado en los campos de exterminio porque no hubiera sobrevivido.

Estuve en un campo de concentración en transito. Cuando me arrestaron con mamá tenía doce años, el físico que yo tengo ahora les dará una idea del que tenía a los doce años, cuando estaba muerta de hambre. No servía para nada. No habría sobrevivido ni al traslado.

Mi intención, y la intención de los que prestamos testimonio y volvemos continuamente sobre ese tema, no es arreglar nada, lo que pasó, pasó, y no quiero que me tengan lástima, y menos que me digan que me admiran. No tienen que admirarme porque yo tuve suerte, nada más. Lo que quiero, lo que pretendo, es que la gente, la juventud, (ustedes todos tienen alrededor suyo a jóvenes), explíquenles que no crean a pié juntillas todas las estupideces que les digan, que vayan analizando, que vayan enterándose, porque le puede pasar a cualquiera y lo que yo quiero es que no le pase, no solamente a la gente nuestra sino a nadie, porque el mundo no aprendió. Desde que terminó la guerra, (que nosotros creíamos en el 45, ilusos, que era la última, y lo festejábamos), desde entonces no paró de haber guerras y persecuciones y genocidios, y los hay todavía, y los habrá si no le ponemos un freno. Evidentemente, la gente bien intencionada no hace ruido, no se nota, es mucha, pero no se nota. Después están los irresponsables, los indiferentes, estos también tienen culpa porque no hacen nada por impedir el mal. Eso es importante. Si creen que están al abrigo de persecuciones están equivocados. Cuando estoy frente a una clase de alumnos chiquitos de escuela del estado, en barrios, donde todos son morochitos, con esos ojitos negros de carbón, y esa piel oscura, yo les digo: ustedes serían los primeros en caer en la volteada, porque si no eran rubios y de ojos celestes evidentemente no caían bien.

Piensen un poco, nos han perseguido simplemente por el crimen de nacer judíos. ¿Quién eligió dónde va a nacer y a través de qué religión se va a desenvolver en la vida? Ni ustedes ni yo; a nosotros nos tocó eso en suerte.

Bueno, y ahora voy a empezar con mi historia:

Nací en el mes de diciembre de 1929. Ana Frank (supongo que muchos de ustedes habrán oído de ella), Ana Frank tenía exactamente seis meses y un día más que yo. Ella nació el 12 de julio del mismo año. A ella le quitaron la posibilidad de lograr lo que yo logré al sobrevivir, de ser mujer, de casarme, tener hijos, tener nietos. Le robaron eso simplemente porque nació en un hogar judío. El único motivo.

Nací de padres polacos judíos, en Bélgica, en la parte francesa, en Liège. Mi papá había llegado un año antes, yo nací en el 29, una época en que la mano de obra belga escaseaba para las minas de carbón y la siderurgia, que eran las dos industrias principales, por eso había inmigrantes polacos que se iban de Polonia por la crisis económica que cundía en el mundo, ya que no había trabajo. La gente hacía lo que podía ahí.

Papá era carpintero-ebanista, y en aquel tiempo consiguió trabajar. Tuvo un accidente porque hacía changas pintando casas, fuera de horario, se cayó de la escalera y quedó con un brazo, el derecho, que no podía mover bien para hacer las esculturas, pero siguió trabajando de lo que fuere. Al principio vendía pan en un canasto de puerta en puerta, o sea, que se darán cuenta que fui de una familia humilde. Por ejemplo, a nosotros en la guerra no se nos quitó joyas o pieles... mis padres no las tenían, pero nos quitaron lo poco que habían ganado, nuestro hogar, nuestro lugar, teníamos un negocio en Bruselas donde vendíamos frutas, verduras, cosas de almacén. Cuando yo tenía cinco años nos fuimos de Liège a vivir al centro del país, a la capital (Bruselas). Mis padres alquilaron una casita, vivíamos ahí y abajo teníamos el negocio. Trabajaban muy duro, a las cuatro y media de la mañana papá tomaba un tranvía, cargaba un canasto sobre el hombro e iba a comprar la fruta y la verdura. Yo iba a la escuela. Era buena alumna. Y el ambiente, las amenazas, los ladridos de Hitler nos llegaban a través de las películas. Estábamos informados sobre la Guerra Civil Española; fue también una cosa que preocupó mucho, mi papá quería enrolarse, mi mamá se lo prohibió, le dijo que no, *qué quieres hacer, fulano de tal ya volvió con un solo brazo, qué vas a hacer, qué va a ser de nosotras...*

Yo no tuve hermanos, era hija única. Mi mamá no lo dejó ir; se quedó papá, pero la idea la tenía. Porque era una cosa muy injusta la que pasaba en España. Recuerdo, por ejemplo, que mis últimas vacaciones me mandaron a una colonia en Bélgica, en el año 39, en julio, pleno verano. Yo jamás pasé vacaciones con mis padres, porque ellos no se iban de vacaciones, me mandaban a colonias. Y me habían mandado a una colonia juvenil con profesores, a la costa belga, a una playa. Y ahí había un hogar, un edificio grande, con dormitorios y todo, del partido socialista, que se llamaba el Hogar Emile Vandervelde (sigue siendo un icono de la historia del partido socialista). Pero como era época de guerra, de preguerra, porque las amenazas seguían llegando, habíamos perdido el contacto con la familia en Polonia, no contestaban las cartas. Se hablaba, se decía que los trataban mal a los judíos. En julio del 39, todavía se esperaba que posiblemente los aliados pudieran hacer algo para frenar la invasión. Y un día llega un llamado telefónico de Holanda, para el director de la colonia, y le dicen: "*van a cerrar la frontera porque parece que nos van a invadir los alemanes, vuelva porque si no Ud. va a quedar bloqueado en Bélgica*". Entonces, se avisó, como se pudo, porque la gente de nuestra categoría no tenía ni teléfono, alguien empezó a avisar en Bruselas para que los padres vinieran a buscar cada uno a su hijo. En esa colonia, yo recuerdo, teníamos tres compañeritos que eran españoles, refugiados. El tercero no sé cómo era, pero la nena tenía 8 años, y el varón tenía 12. Eran huérfanos y no fueron adoptados, porque al pibe le faltaba una pierna, y a la nena un soplo de una bomba le había sellado las pestañas, y veía como sombras, era casi ciega. Entonces, como eran defectuosos nadie los adoptó. Y estaban ahí con nosotros, me acuerdo que cuando llegó esa alarma, nos dijeron "hagan sus valijas, hagan sus mochilas". Esperamos todos en las escalinatas, y el pibe tiró su muleta, y gritó: "*yo no quiero vivir otra guerra, perdí mi pierna, perdí a mis padres, yo me quiero morir*". Terminamos todos llorando... Ese fue el clima que vivíamos en Bélgica antes de empezar la guerra.

El 10 de mayo del 40, a las cinco de la madrugada, empezaron a bombardear la capital que era ciudad abierta, ustedes son adultos y saben lo que es una ciudad abierta: la que no contesta los ataques, no está armada, país neutral. Nuestro rey lamentablemente no fue firme. Mi papá ya se había ofrecido como voluntario para luchar contra los alemanes en caso de guerra, y como Bélgica era neutral no le aceptaron el ofrecimiento pero le sugirieron que se dirigiera a la Asociación en Bélgica de excombatientes Franceses de la guerra 1914/18. Tengo como recuerdo preciado la tarjeta de identificación de papá, donde dice "socio amigo", porque claro no era ni francés ni belga. Pero bueno, no se podía hacer más que eso, y el 10 de mayo empieza la guerra y por radio avisan a la gente diciendo "*hombres en edad de llevar armas huyan hacia Francia para reconstituir fuerzas para oponerse a la invasión*". Entonces con mis padres... ni valijas teníamos, así que en sábanas metimos lo que pudimos y nos pasamos noches enteras sentados encima de los bultos en los andenes de la estación de ferrocarril en Bruselas, pero no se podía, tomaban los trenes por asalto para ir hacia el sur. Mi papá llevaba los pocos ahorros que tenía, la libreta de los clientes que compraban y hacían anotar, vivían mejor que nosotros, se iban de vacaciones, pero no pagaban o pagaban de vez en cuando. Entonces esa libreta cuando volvimos, mamá cruzó la calle y se fue de un ex cliente que parece que la pasó muy bien durante la guerra, y le dijo: "aquí está su deuda", pero la sacaron a la puerta.

O sea, que el mundo está hecho de todo... Mi papá consigue, a duras penas, dar todos los ahorros que tenía a un señor que tenía una camioneta con el techo de lona, entonces arriba del techo de lona se sentaron los hombres, y adentro iban las mujeres con chicos y bultos, y emprendimos el éxodo.

Las guerras no sirven ni para los que pierden ni para los que ganan. Quisiera que el mundo entienda eso, que dejen de fabricar y vender armas y usarlas. Lo que fue el éxodo, con los aviones que bajaban en picada y nos rociaban con metralla, teníamos que parar la columna, tirarnos a los costados del camino para no estar así en la fila. Gente con carretas, con caballos, con burros, a pie, con bicicletas, con lo que podían, y cada tanto caían bombas y explotaban y había que parar y luego seguir... Eso fue desde que el 10 empezó la guerra y el 15 cruzamos la frontera de Francia, al norte de Lille. Y llegamos a París, adonde vivían los hermanos de mi papá: eran franceses, hacía años que vivían ahí, tenían hijos nacidos en Francia, y estaban movilizados bajo bandera.

Una tía nos albergó. Papá se presentó ante el Consejo de Revisión del Ejército Polaco Reconstituido en Francia, como voluntario. Le tomaron los datos. Casi enseguida, como París estaba muy congestionada, e iba a faltar la comida, ordenaron que todos esos refugiados que afluían desde Bélgica fueran desparramados por el país. Entonces nos metieron en un tren y nos despacharon hacia el oeste, hacia Bretaña, cerca del puerto de *Vannes*, un pueblo chiquito llamado *Ploeren*. En el camino ya habíamos sido socorridos por muchas parroquias, donde nos daban un poco de pan, un poco de sopa, los curas trabajaron mucho. Sacaron los cubiertos oxidados de la guerra del 18, que los tenían guardados, y hacían lo que podían.

El viaje en ese tren fue una pesadilla porque ya estaban los alemanes, pasaban con aviones, y seguían tirando de vez en cuando, para asustar porque realmente no encontraron ninguna defensa por parte de Francia. Pasaron la línea *Maginot*, que era la línea fortificada, por los extremos, ni tuvieron que pelear y entraron. En Bretaña nos alojaron en las escuelas, (por supuesto las clases estaban suspendidas), dormíamos en colchones que nos ofrecía la gente, vivíamos realmente del socorro, de la solidaridad de la gente. En esos días mamá se puso a trabajar en una chacra, y la señora le preguntó si quería vivir ahí con ella, el marido estaba movilizado y mi mamá le pidió permiso cuando la cosa se puso fea en París, porque eso duró muy pocas semanas (lo que los alemanes llamaban la *blitzkrieg*, que quiere decir la guerra relámpago) e hizo venir a sus dos cuñadas, (que tenían los maridos movilizados), con los nenes más chicos, porque los más grandes que tenían mi edad, estaban evacuados en la campiña.

Vivimos muy poco tiempo ahí, y los alemanes nos invadieron. A todo esto, mi papá había recibido su hoja para presentarse al ejército polaco, se fue y no tuvimos noticias de él.

Entonces, estaban las tres mujeres con tres chicos, vivíamos ahí. Y un día, ya cuando los alemanes entraron (muy orgullosos ellos, muy bien vestidos, muy bien alimentados, con unas botas relucientes, pisando muy fuerte), un día en la ruta me encontré con un soldado belga, me paré y me dijo "*yo también soy belga, me escapé, no sabemos qué hacer, el rey nos vendió*". Me acuerdo que el soldado se arrancó el número de su regimiento que era de bronce, lo tenía en el cuello y lo tiró al piso, yo lo levanté y me puse tan triste... Yo tenía diez años.

Bueno, los alemanes nos ocupan, y en la ciudad de la cual dependíamos, que era *Vannes*, había una *Kommandantur* y un buen día después de semanas de no saber nada de papá, llega una tarjeta, que era de cartulina verde (todavía tengo un ejemplar de esas tarjetas como recuerdo de la guerra) con un *múltiple choice*, con letritas marrones y puntitos, donde decía: *yo, nosotros, salud, enfermo, muerto, etc.*, es decir que había que llenarlo, no se podía agregar nada más que llenar esos espacios contestando lo que estaba al lado del puntito.

Entonces, como pudo, papá explicó que había recalado en el sur, en los Pirineos, que trabajaba en la chacra de un francés, y que tratásemos de alcanzarlo. Mamá se fue a la Kommandantur, ella hablaba en *yidish* que es el alemán antiguo que hablan los judíos *asquenazíes*, en Polonia, Rusia. Sabía un poco de alemán, y les dijo que nos habíamos perdido en el éxodo, en la ruta bajo los bombardeos, que había perdido a su marido, y que estaba vivo, trabajando en una chacra en el sur.

Y el alemán, le dijo que le iba a hacer una autorización para viajar allá. ¿*Con quién está*?, le preguntó; y mi mamá le respondió: *estoy con mi hija y unos primos* (que eran una pareja que venía también escapando con sus dos hijos). Nos hizo el permiso, lo tengo guardado, y cuando le preguntó los datos de identidad para ir a vivir allá, incluyendo la religión), mi mamá empezó a temblar, y no le salía, tenía miedo, él se había dado cuenta perfectamente que era judía. Entonces él le dijo en alemán: "*por ahora no hay cuestión judía*". Mi mamá recordó el "por ahora", Se lo contaba a todos, (era como decir "ya te vamos a alcanzar").

Tomamos el tren, llegamos donde estaba papá, y mamá se puso a trabajar en la chacra con él. Dormíamos amontonados en colchones, en una escuela que no funcionaba todavía, empezaron las clases en octubre y alcancé a ir a la escuela un poquito ya que un día vinieron dos gendarmes franceses con una citación para papá, diciéndole que se presente a un campo de concentración en Caylus cerca de Toulouse. Lo llamaban "*Campo de Trabajadores Extranjeros*". Eran todos ex voluntarios del ejército polaco, hasta tenían el uniforme militar de la guerra del 14, el celeste, y tenían por comandante a un francés, encabezando ese campo de "trabajadores" y los oficiales eran todos polacos.

Papá, como ebanista y carpintero, tenía trabajo ahí en el campo, le daban la comida. A mamá y a mí nos dicen que teníamos tantas horas y tantos días para evacuar el lugar porque si no, nos iban a encerrar en un campo de concentración civil. Porque la 3a República Francesa tenía barracas y campos civiles de concentración para los españoles que huían de España. Los españoles republicanos estaban encerrados ahí, en pésimas condiciones, cundían las enfermedades. Incluso, había una enfermedad gastrointestinal, disentería, y yo me di el lujo de pescarla por el contagio por las moscas, porque el campo no tenía higiene, era muy cercano a donde vivíamos, y todos decían "*no hay que ir a esos campos porque la gente se muere de fiebre, de cualquier cosa*".

O sea, que ese era el trato que ya tenían los españoles republicanos en Francia antes de la guerra.

Entonces, claro, no queríamos ir a un campo, y yo me enfermé; y les digo cómo me curé, porque esa enfermedad es un desastre, es dolores y diarrea continua. Mi mamá un día salió de casa, ahí en los Pirineos, en la aldea *Sendets*, y pasó por un cafetín donde los campesinos iban a tomar una copa, y pidió permiso para que yo pasara al baño, y la señora le preguntó: "*¿qué le pasa a su nena?*". Le contó que no me había visto ningún médico, no había médicos en ese lugar, entonces esta señora me dice: "*ven aquí, yo te voy a dar una copita, no respires y tómala*". Resultó ser que me había dado una copita de ron, me hizo un incendio dentro, me quemó las tripas y así fue que me curé.

Bueno, papá es trasladado a Caylus, mamá viaja sola y consigue un alojamiento en la casa de un cartero que tenía una pieza de más y nos fuimos a radicar allá. Tenía que ser a veinte kilómetros a la redonda alrededor del campo. Ahí fui a la escuela, tuve la suerte de ser muy bien tratada por la directora, porque no nos perseguían todavía como judíos, pero éramos refugiados que no teníamos nada, solo la ropa que me regalaba la gente, al igual que los zapatos. A la directora, *Madame Nonorgue*, la recuerdo con mucho cariño, incluso cuando se hizo un homenaje en la embajada de Francia, recordé a toda esa gente linda que nos dio una mano. Ella me daba los cuadernos, las plumas, los libros, y me decía: *cuando se te termine algo, avísame*. Ella realmente me apoyó en todo. No tenía hijos.

En 1942 dividen el campo y a mi padre le toca ser trasladado más al norte cerca de *Guérêt*, a otro campo. Otra vez nos obligan a radicarnos cerca del campo. Ahí mi mamá trabajaba de mucama para pagar el hotel y yo la ayudaba. Nos daban una comida para las dos, nos daban lo peor de la comida, a esa gente la recuerdo, yo volví a ese lugar, después de la guerra y no tuve el gusto de decirles lo que pensaba de ellos. Tampoco encontré a los que nos ayudaron, algunos estaban de viaje en el sur, porque era invierno, era feriado y no los encontré. Yo hubiera querido encontrarme con mis profesoras de secundaria, con mis compañeras, pero me enteré que muchos habían muerto. Me dijo mi marido que no preguntara más por nadie, porque habían pasado tantos años...

Volviendo a esa época, terminé mis estudios primarios y empecé los secundarios; papá alcanzó a firmarme el primer boletín, del primer trimestre. Lo mandaron del campo a una chacra, porque el hijo estaba prisionero en Alemania. Entre los franceses hay de todo. Esos campesinos franceses fueron miserables con nosotros: yo tenía que hacer kilómetros para ir a la escuela, con los zuecos de madera, había nieve, cuando empieza a derretirse y se vuelve a congelar, uno patina, me hacía ampollas, era tremendo, muerta de hambre, y allí en el campo ellos podían esconder algo de comida.

Los alemanes requisaban todo, robaban en los negocios, desvalijaban las casas, los negocios, pero los comerciantes escondían algo y hacían intercambio. Nosotros no teníamos nada para cambiar, nada, manos para trabajar nada más, entonces pasábamos hambre. Y yo recuerdo, el hambre es algo que duele, me sentaba en la chimenea, hacía frío, en un rincón y el abuelo no tenía dientes y la nuera le hacía unas tortas con huevo, con crema de leche, con harina blanca, y él comía eso y caían las migas, yo me hubiera puesto en cuatro patas para levantarlas. Jamás me dieron ni esto, me pasé todo el tiempo con esa hambre, y no me daban nada.

Iba al colegio y no podía volver al mediodía porque los que vivíamos lejos teníamos que caminar kilómetros, así que "almorzábamos" en el colegio. ¿Qué era el almuerzo? Cada uno se traía lo que podía. Yo me traía el pedacito de flauta de pan hecho con más afrecho que harina porque los alemanes se robaban la harina blanca y la mandaban a Alemania, o se la daban a las tropas ocupantes. A nosotros nos daban el afrecho agregado a la harina, entonces comíamos más afrecho que harina, ese pan se ponía como una piedra, o se pegoteaba; y había gente que se daba el atracón el primer día porque decían que después se ponía tan duro que no se podía comer. Si uno lo dejaba, fermentaba y nos daba diarrea. Eso era la comida, mi almuerzo.

Yo iba con ese pedacito, y alguna compañera traía ganso y pato al horno, jamás me convidó, así que encontré lo mejor y lo peor alrededor mío.

En agosto del 42, (eso lo supimos mucho después), el señor Adolf Eichman le propuso a Hitler la "*solución final para los judíos*". Hitler aceptó, y ahí empezaron las razzias. El 24 de agosto del 42 (yo tenía 12 años), a la madrugada sentimos pasos en el pasillo.

A esa hora nadie circulaba, solamente los nazis franceses y los alemanes. Entraron y nos dijeron: "*abran, identifíquense*"; mamá y yo, nos levantamos y nos llevamos una muda, y los documentos. Bajamos, y había un bus con mujeres, con chicos, muy pocos varones, estábamos muertas de miedo, no sabíamos adónde nos llevaban. A todo esto, a principio de agosto, ese mismo mes, cuando empezaron a hacer las razzias esas noticias no nos llegaban directamente, no iban a hablar de eso en los diarios, y nosotros no nos podíamos mover de esa ciudad. Entonces, mamá recibe una citación: nos teníamos que presentar en la municipalidad con el documento de identidad y con la tarjeta de cartón que nos servía cada mes para ir a buscar las estampillas para canjear, y pagar, por supuesto, la comida (porque se vendían raciones cada mes, eran gramos de cosas). Entonces, mamá fue aparte porque ella tenía su horario de trabajo de mucama, y yo fui sola. Me recibió un funcionario francés, puso la pluma en un frasco rojo de tinta, y me dijo: *dame tu tarjeta de identidad y la de racionamiento, te voy a dibujar una hermosa flor...* y se puso a escribir en gótica, así en grande, en toda la tarjeta la palabra "*judía*". Estaba muy contento, se burlaba. Yo pensé: "*¿qué le hice?*"

Con esas dos tarjetas, cuando teníamos que identificarnos, teníamos que presentarlas así en cualquier lugar. Ahí ya empezamos a preocuparnos.

Entonces el 24 de agosto de 1942 nos dejan en *Boussac* en un campo de madera sin pintar, como recién hecho, con olor a madera fresca. No había nada, barracas vacías, nos sentamos en el piso y dormíamos así, algo de comer nos dieron, yo no sé, no recuerdo el detalle, creo que mi memoria puso como una tapa sobre esto, pero nos sentíamos perdidos. Incluso había un grupo de chicos adolescentes, sin los padres, eran refugiados alemanes, de la persecución en Alemania, que estaban escondidos en un castillo y un francés colaboracionista los denunció.

Pasamos muy pocas noches ahí, me hice amiga de una nena que se llamaba *Clara Mandelbaum.*

Estaba ahí con la mamá y el hermanito, y era de Bélgica como yo. Y una noche, ladraron los perros y alguien vino diciendo que traían soldados del campo de los polacos, para liberar a sus familias, porque había salido una ley colaboracionista en el gobierno nazi de *Vichy*, que no permitía arrestar a los ex combatientes y a sus familias.

Papá no estaba entre ellos, entonces pregunté: "*¿y mi papá?*". A lo que me respondieron: "*tu padre está enloquecido, cuando le fueron a decir que te habían llevado con tu mamá, no se presentó a trabajar en la chacra, y está deambulando por las calles, está hablando solo, completamente loco*".

Ahí me puse a llorar, no porque no nos vendría a liberar, dije: "*lo van a pasar por las armas*", porque él es militar, no puede hacer lo que quiere. Él tenía que estar o en la chacra o en el campo de concentración. Hubo patriotas que se pasaron el dato, mi nombre de soltera es *Dawidowicz*, y para los franceses era complicado, a él lo llamaban David y decían: "*si lo encuentran a David agárrenlo de los pelos y llévenlo al prefecto para poder liberar a su familia*".

Y así fue, lo encontraron, lo llevaron a la fuerza, el prefecto en medio de la noche se levantó y le hizo el pase, y lo mandó con dos inspectores. O sea, que papá llegó con los dos inspectores. De madrugada, hizo los trámites y nos hicieron dos hojas a mamá y a mí, yo las tengo, permitiéndonos volver a nuestro domicilio en la ciudad. Pero teníamos bultos, y no había autobús para volver. Entonces, nos dieron permiso para ir hasta la aldea, y alquilamos a un campesino un carro, y nos llevó al campo. Cuando llegamos al campo, estaban vacías las barracas y en la puerta había un autobús con todos los prisioneros, con Clara, el hermanito y la madre.

La mamá pasó los brazos por la ventanilla y le dijo a mi madre: "*te doy mis anillos, mis aros, salva a mis hijos*". Y mi mamá con mucha vergüenza, llorando, dijo "*yo no tengo plata, es por una ley, no puedo hacer nada por tus hijos*".

A mí me partió el alma, me dejó enferma de vergüenza. Cuando volvimos a casa yo no quería subir a mi pieza, me quedé en la puerta, nos esperaban los vecinos, los franceses, pidiendo perdón y disculpas por lo que estaba pasando. Ellos estaban avergonzados de cómo sacaban a la gente en el medio de la noche, como si fueran delincuentes.

Recién empezaba... No vivimos más tranquilas después, porque mamá bajaba a hacer una compra de fruta y verdura y venía corriendo: "*me dijeron a ciencia cierta que esta noche van a pasar de vuelta a arrestar, hay que salir, hay que buscar un lugar adónde dormir*". Y ahí empezó el drama, buscar gente que se quiera jugar por uno, sin llamar la atención de los vecinos que podían ser colaboracionistas, y denunciarlos. Por ahí, una noche sí, pero dos no. Entonces había que buscar otro, que esté dispuesto a sacrificarse, uno se ponía en el lugar de ellos.

La señora que nos alquilaba, una noche nos dejó, ella vivía en el mismo edificio, entonces nos sentamos en una silla y ella en el medio de la noche se despertó, y nos dijo: "*tengo miedo, estoy asustada, vuelvan a su pieza*", y créanme que bendigo su memoria, hizo hasta donde pudo. Simplemente no vinieron a buscarnos, eso fue nada más. Y pasamos meses así, había que entrar discretamente antes del toque de queda. Ustedes saben lo que es el toque de queda, es el límite, la hora en que después no circulan más que los que tienen autorización, o sea, sólo los nazis alemanes y franceses.

Si uno escuchaba un ruido en la calle se asustaba, no podíamos ni abrir las persianas, ni espiar ni ver de qué se trataba, a veces se les rompía el coche, y hablaban ahí abajo, y decíamos: "*están sacando gente de la casa, ¿adónde nos metemos?...*". La gente que nos albergaba decía: "*no hablen, no caminen, no hagan ruido en el piso, no estornuden, no tosan, no usen el baño, porque no tienen que saber los vecinos que hay alguien en la pieza*".

En febrero del 43, seis meses después de haber sido liberadas mamá y yo, el 27 de febrero a la madrugada escuchamos pasos en el pasillo... Papá tenía autorización para venir a dormir a veces a casa, esa noche dormía ahí, y a las 4 y media de la madrugada cuando bajó para ir a la chacra lo pararon dos gendarmes franceses, que sabían que él estaba en la lista, y no lo habían encontrado en la chacra. Lo reconocieron y se lo llevaron, lo acompañaron a casa para que buscara una muda y los documentos, y allí fue cuando lo vimos por última vez, papá tenía 38 años, y yo 13...

Durante una semana escribió, le mintieron al principio, tenemos telegramas, los tengo guardados, y las cartas con lápiz, incluso no podía escribir en yidish, porque la censura no lo permitía, pero escribía una especie de alemán rudimentario, diciendo que lo trasladaban, que lo trataban bien, que lo mandaban para acá, para allá... les mintieron, y durante la primera semana tuvimos noticias.

"*Ahora sabemos que nos vamos en dirección a París*", nos escribió la última vez, y ahí él ya supo que estaba todo perdido, porque en esa última tarjeta, que no la escribió él sino su amigo contador que tenía una letra muy linda, quería que se lea bien lo que escribía. Allí él nos dice: "*mañana 6 de marzo nos mandan hacia un destino desconocido, lamento haber traído bagajes que no me van a servir para nada*".

Durante 53 años no supe adónde lo habían llevado. Y en el Museo de la Memoria, en París, fui con los datos, y entonces me bajaron un bibliorato, con esta portada que dice "*Transporte 51*", y me dijeron: "*busque por orden alfabético*"... y acá está la página (la muestra al público presente), habían escrito el apellido y el nombre de pila con errores de ortografía, y entonces ni la Cruz Roja ni nadie me pudo dar noticias de papá.

Eran mil y se salvaron sólo cinco, los mandaron al campo de exterminio de *Majdanek*, no sé si papá sobrevivió al viaje. La primera copia de esta lista iba para Adolf Eichman, yo vivo en la zona norte de Buenos Aires desde hace 46 años, y yo pasaba por la esquina de su casa cuando manejaba mi Citroën 2 CV.

A veces me pregunto qué hubiera hecho si me encontraba con él; yo no nací para matar, qué iba a hacer... nada.

Les recomiendo que si quieren saber lo que pasaba con la gente, y tienen la oportunidad, lean "*Si esto es un hombre*" de Primo Levi, que era un joven químico de 24 años, italiano, que fue deportado y escribió este libro, y es uno de los libros más honestos que he leído sobre aquella época. Ustedes son gente grande, pero les quiero decir no sólo a ustedes sino a los chicos también, lo siguiente: no es que uno se queja de que nos hayan querido borrar del mapa, no todas las víctimas eran judíos. Primo Levi describe a sus compañeros, con sus defectos y con sus virtudes; exactamente como en cualquier comunidad había de todo ahí, pero la injusticia que se comete queriendo eliminar gente porque sí, por sus opiniones, por su religión, por su color por lo que fuere es inconcebible.

Cuarenta años después de Auschwitz escribió "Los naufragados y los rescatados", y ese mismo año se suicidó. El decía: "*puede volver a repetirse*", y cuarenta años después de Auschwitz él ya había visto el cuadro. Escribió una poesía que llamó "Para Adolf Eichman", no los quiero aburrir, solamente les quiero leer la última parte, que dice: "*Oh, hijo de la muerte, no te deseamos la muerte, que puedas vivir tanto como nadie ha vivido, que puedas vivir insomne cinco millones de noches, y que cada noche te visite el dolor de todos los que vieron cerrada la puerta que les quitó el camino de regreso, y hacerse oscuro alrededor suyo, y llenarse de muerte*"

Al terminar la guerra en mayo de 1945 volví a Bruselas. Tenía quince años. Iba con la foto de mi padre, esperanzada, hablando con los sobrevivientes con el cráneo afeitado, con los números tatuados, preguntando: "*¿lo vieron, lo conocieron, se encontraron alguna vez, cómo murió, dónde está?*". Y nunca pude saber, hasta que en París lo supe en el año 1996.

Cuando vuelvo a Bruselas, voy a una institución juvenil judía. Un sábado a la tarde estábamos ahí reunidos, y entra Clara Mandelbaum, nos derretimos de llanto y alegría, y cada una quería saber "cómo te salvaste". Clara me cuenta que en el autobús la mamá vomitó y uno de los dos inspectores dijo "*esto es un asco, yo no puedo soportar esto, chofer en la próxima aldea usted para y pregunta por el hospital*"; dicho y hecho, cuando para en la aldea, le dice: "S*eñora, ¿con quién está?*", entonces ella responde: "*con mi hija y mi nene*"; a lo que contestó: "*bueno, agarre los bultos y baje*".

Y gracias a eso, bajó, sin conocer el hospital ni a la gente, (que lo podían denunciar!) y previno: "*esa gente no tiene dinero, ni documentos, ni carta de racionamiento. ¿Se pueden hacer cargo?*"

Podía haberse topado con nazis. Desde agosto del 42 hasta la liberación en septiembre de 1944 se hicieron cargo de ellos.

Luego de un pequeño silencio, los asistentes conversaron con Myriam. Al finalizar el evento le entregamos a ella un diploma que decía lo siguiente: "*Se le otorga el presente diploma a Myriam Kesler por su aporte a la comunidad argentina a través de la generosidad al compartir su experiencia vivida en el Holocausto, y se le otorga este reconocimiento, respeto y admiración en nombre de quienes han dejado sus vidas y nos precedieron para que hoy estemos todos aquí*".

Agradecimientos

Son muchas las personas que han hecho posible que escribiera y publicara este libro. Tantas que pido disculpas de antemano por no nombrar a todas.

Gracias Papá y Mamá por el disfrute de ser su hijo.

Gracias Danny por disfrutar la vida con vos, por ser mi compañero y por ser la encarnación del amor.

Gracias a los amigos y familia elegida: Nacho, Roberto, Diana, Inés, Patricia, Laura, Esteban, Ana, Erwin, Roy e Iván.

Gracias a mis maestros Carlos Gandolfo, Nora Sturm, Sofía García por haberme acompañado y guiado en mis momentos de búsqueda.

Gracias Diego Mileo y Julio Parissi por ser mis agentes literarios con tanto cariño, respeto y ganas.

Gracias Diana Paris por tu confianza y pasión desde Ediciones B para que el libro se despliegue y llegue a los lectores.

Gracias Myriam Kesler por haber sido tan generosa como para regalar el tesoro de tu historia y compartirlo con quienes buscamos una manera diferente de disfrutar y aprender del pasado.

Gracias a los infinitos mensajes y guías que han ido apareciendo en mi camino (por favor sigan acompañándome que estaré escuchándolos).

Gracias a ti, querido lector, porque sin tu presencia, nada de esto tendría sentido.

Y prepárate porque en poco tiempo llega el próximo libro...

Disfrutando de escribir y de que me leas, me despido hasta pronto!!!

Ignacio L.M.Trujillo.

Para mayor información sobre Ignacio Trujillo
y sus actividades, puede ingresar en la web:
www.consultoraalas.com

OTROS TÍTULOS

GENTE TÓXICA

Cómo identificar y tratar a las personas
que te complican la vida para relacionarte sanamente

Bernardo Stamateas

"Si lees este libro, deberás atenerte a las consecuencias."
Un mete-culpas (cap. 1)

"¡Qué buen libro Stamateas! (¡Ojalá nadie te lo compre!)"
Un envidioso (cap. 2)

"Nada nuevo... muy sencillo... no va a andar..."
Un descalificador (cap. 3)

"Soberana estupidez."
Un agresivo verbal (cap. 4)

**"Lo estábamos esperando,
la humanidad necesitaba un libro así."**
Un falso (cap. 5)

**"Me dolió mucho lo que escribió este hombre...
Si lo cruzo por la calle lo piso."**
Un psicópata (cap. 6)

"Yo lo leí hasta la mitad."
Un mediocre (cap. 7)

**"Me dijeron de buena fuente que la página 74
es copia fiel de lo que escribió su tío."**
Un chismoso (cap. 8)

"No leerás este libro porque así lo digo yo."
Un autoritario (cap. 9)

"Me gustaría leerlo, pero no sé... me da bronca...
pero es posible."
Un neurótico (cap. 10)

"Mi amor, ¿por qué no me dijiste que este libro ya había salido?
Te lo hubiese regalado para nuestro aniversario,
pero bueno... ¡te perdiste la sopresa!
Un manipulador (cap. 11)

"¡Impresionante! Veo que el autor siguió mis consejos,
pero le falta un poco para alcanzarme."
Un orgulloso (cap. 12)

"Muchas páginas... medio largo...
la letra es pequeña."
Un quejoso (cap. 13)

EMOCIONES TÓXICAS

Cómo sanar el daño emocional
y ser libres para tener paz interior

Bernardo Stamateas

Nuestras emociones están allí para ser sentidas, pero no para dominar nuestra vida porque, de hacerlo, se volverán tóxicas.
Sanar nuestras emociones implica prepararse a uno mismo para liberarse de las emociones negativas y tóxicas que, en definitiva, no nos ayudan a encontrar una solución.

La propuesta de este libro es otorgarle a cada emoción el verdadero significado que tiene. Las emociones no pueden ser controladas desde afuera sino que deben serlo desde dentro de nuestra vida. Vivir significa conocerse y ese conocimiento es el que nos permite relacionarnos con el otro y con nosotros mismos.
Descubrirás herramientas para salir de la frustración, el enojo, el apego, la culpa, el rechazo, y alcanzarás así la paz interior que anhelas.